LE MOINE ET LA PSYCHANALYSTE

Paru dans Le Livre de Poche :

LA DIVINE ORIGINE

LE SACRIFICE INTERDIT

Collection dirigée par Jean-Paul Enthoven

MARIE BALMARY

Le Moine et la Psychanalyste

ALBIN MICHEL

ISBN : 978-2-253-08392-4 – 1re publication LGF

Avant-propos

Deux rencontres sont à l'origine de ce livre.

D'abord celle du psychanalyste Jacques Lacan. Dans son enseignement, et aussi deux fois à son cabinet. Lorsqu'il apprit – par d'autres – que ma thèse avait été refusée en Sorbonne par un de ses anciens dauphins, il me demanda de venir le voir. Étonnée et très honorée de cette invitation, je lui exposai mes hypothèses. Il m'écouta, me demanda de lui laisser quelque chose d'écrit à propos de ma recherche, puis de revenir la semaine suivante. Ce que je fis. Alors, il m'encouragea – comme il savait le faire – et m'incita à m'inscrire au département universitaire tenu par ses élèves. Au moment où j'allais le quitter, il me demanda de « laisser quelque chose » à sa secrétaire. Je ne compris tout d'abord pas de quoi il parlait. Puis, lorsque je saisis qu'il s'agissait d'argent, je refusai : ce rendez-vous qu'il m'avait fixé lui-même n'était assurément pas une séance d'analyse. Il accepta mon refus avec une humilité inattendue.

À l'université où je me rendis, l'allégeance inconditionnelle à l'enseignement de Lacan exigée par les disciples me parut un nouvel obstacle, fort semblable à celui auquel je m'étais déjà heurtée auprès de l'érudit freudien de la Sorbonne. Il me parut alors clair que l'université, pas plus que les sociétés de psychanalyse existantes, n'était un lieu où poursuivre le genre de recherche risquée dans laquelle j'étais engagée – qui, à travers une relecture de la vie et l'œuvre de Freud, remontait vers des questions fondamentales : les offenses faites au sujet, les lois de relation, la genèse de la parole... J'étais ainsi conduite vers les sources de notre civilisation et particulièrement vers la grande figure de Moïse à laquelle Freud s'était tant affronté.

Que faire à présent ? Peut-être étais-je dans l'erreur, du moins j'étais libre désormais de tout devoir universitaire, de toute allégeance de pensée. À défaut d'idée claire sur la direction à prendre, il me vint un désir, celui de rencontrer Marc-François Lacan, plus couramment appelé Marc, frère cadet du psychanalyste et moine bénédictin. Lui demander comment il s'arrangeait, lui, de la double lecture des textes bibliques dont il était un interprète écouté, et de l'œuvre de son frère qu'il suivait attentivement.

Me trouvant en vacances durant la semaine sainte dans un lieu pas trop éloigné de son monastère, je pensai à lui tout en supposant qu'il serait difficile de le rencontrer en ces jours de recueillement et de grands offices. Cependant, sachant que je ne reviendrais pas de sitôt dans la région, je l'appelai. Il me répondit qu'il me recevrait bien volontiers mais, ajouta-t-il en s'excusant, il n'avait que le matin du vendredi saint à me proposer.

J'arrivai à l'heure dite, après avoir traversé des

zones montagneuses où je m'étais un peu perdue dans le brouillard. Il m'accueillit à la porterie. Au vu de ma mine frigorifiée, m'emmenant dans une salle où flambait un feu, il me dit tout de suite :

– Voulez-vous du café ?

J'étais étonnée d'une telle proposition un tel jour. L'hospitalité monastique prévalait donc sur la règle du jeûne... Il disparut un court instant et revint avec un plateau, une cafetière et deux tasses qu'il remplit toutes deux et dont il me tendit l'une. J'étais plus étonnée encore que le café ne fût pas supprimé pour un moine un matin de vendredi saint.

Nous commençâmes à parler. De tout ce qui venait. Et, je m'en souviens, dès les premières minutes, de ce que nous comprenions l'un et l'autre de l'expression « l'image de Dieu ». Nous nous trouvâmes en accord sur ceci : l'image de Dieu dans la Genèse, c'est l'homme et la femme en relation. Non pas l'homme. Et nous voilà embarqués sur le sujet de la relation et de tout ce qui repose sur elle, humanité des humains et psychanalyse comprises. Qu'un vieux moine soit aussi certain de l'importance essentielle de la femme pour l'homme, de l'homme pour la femme, à complète égalité, suscita à la fois mon étonnement et mon intérêt.

Liberté et joie caractérisaient cet homme lumineux. Je me dis en moi-même que le plus heureux des frères Lacan était sans doute ici.

Durant cette vive conversation, nous n'avons pas senti passer le temps ; lorsque l'office sonna qui mettait un terme à notre rencontre, nous fûmes l'un et l'autre étonnés. Je reposai ma tasse sur le plateau où j'aperçus alors la sienne, demeurée pleine, comme s'il l'avait simplement oubliée.

Son jeûne s'était donc accompli sans que j'y sois prise ; aucune contrainte pour moi, pas une leçon, pas même un signe que j'aurais dû lire. Le jeûne était son affaire, non la mienne. Et s'il avait usé autrement que moi de sa tasse, il ne s'était pas refusé à en poser une, pour lui, en face de celle qu'il m'offrait. Cette extrême délicatesse de geste correspondait à ce qui s'était passé aussi en conversant avec lui. Entre nous, la répartition de la parole me parut aussi juste que celle des tasses. À cette différence près que, là, il n'observa aucun jeûne ; il est possible au contraire que le café non bu ce matin-là lui rendît plus savoureuse la parole...

Dans une telle rencontre, parler de « Dieu qui est relation », de l'image que nous en donne la relation humaine n'était pas une supercherie.

Nous échangeâmes des lettres, je lui fis deux autres visites au monastère, qu'il me rendit lors de rares passage à Paris.

Comme dans un conte, je m'étais trouvée devant deux personnages, deux frères, qui m'avaient tous deux étonnée en m'accueillant de bien différentes façons.

Le premier m'avait demandé de l'argent là où je ne le pensais pas en droit de le faire. L'autre m'avait offert une boisson au moment où je n'imaginais pas qu'il le fît. Mes prévisions se révélaient fausses dans les deux cas : l'un voulait jouir d'une chose dont il me privait ; l'autre me donnait à jouir d'une chose dont lui-même se privait.

Le psychanalyste m'avait reçue comme un maître reçoit généreusement une étudiante sans université. Mais là où il m'avait permis de m'inscrire, il n'y avait de place pour moi que s'il avait pris en moi la place de ma propre pensée ; si, en fait, je renonçais à ma propre recherche. Cependant, même déviée et sans suite, cette rencontre m'encouragea.

Le religieux, lui, m'avait accueillie comme un chercheur accueille un autre chercheur, pour qu'ils se disent simplement l'un à l'autre leurs tâtonnements, leurs découvertes. Il m'avait ouvert la porte comme un voyageur installé pour un temps accueille un autre voyageur, prenant soin de son bien-être, sans lui imposer la discipline de son chemin ni les visions de son propre voyage.

Ces rencontres avec un moine n'ont pas été uniques dans ma vie et se poursuivent au-delà de la mort de Marc avec d'autres. Mais c'est avec lui que ces dialogues ont commencé et que, d'un certain sens, ils continuent. Les questions posées, les voies ouvertes grâce à lui n'ont cessé, depuis lors, de se déployer.

Il est impossible de reconstituer nos conversations. Même un enregistrement, s'il avait pu être effectué sans nous avoir dérangés, ne rendrait pas compte de ce mode de présence mutuelle. De tels instants demeurent hors de portée d'un récit. Seul un retour vers eux comme il s'en produit en rêve peut, me semble-t-il, en permettre l'accès. La véritable faculté de souvenir est ici l'imagination, non la mémoire.

À ceci s'ajoute l'action du temps : en plus de dix ans, le passé a poussé.

Les pages qui suivent présentent donc des personnages bien différents de nous (une juive, moi qui ne le suis pas), qui ne disent pas ce que nous nous sommes dit. Et pourtant, j'espère que le lecteur y trouvera les enjeux, les envois, les effets de ces rencontres. La parabole n'est-elle pas l'origine étymologique de la parole ?

Enfin, si j'ai choisi la forme du dialogue, ce n'est pas pour répéter simplement ce qui a été vécu mais pour me placer, même en imagination, dans le champ de la parole circulant entre ceux qui s'écoutent. Tant de la psychanalyse que de la lecture biblique, j'ai appris qu'une telle parole peut parvenir là où une réflexion solitaire ne saurait atteindre, fût-ce en soi-même. La porte que l'un ouvre si souvent sans la voir, c'est avec l'autre qu'il la franchira. Porte trop étroite pour un seul où deux vont aisément passer. Cette « parole entre » ne crée pas seulement de nouvelles pensées, elle invente des lieux de rencontre. Des « rendez-vous » : le mot qu'employaient les marins s'assurant par lui du port où, si leur escadre venait à être dispersée, ils allaient se rejoindre.

Marie Balmary
Pentecôte 2005

I

Un matin, à la fin du mois de mars, Ruth était installée sur la terrasse, à l'abri du vent, dans ce premier soleil de printemps qui récompense chaque année le patient espoir de l'hiver. Pour Ruth, ce n'était pas seulement le début du printemps et d'une convalescence. C'était l'un de ces moments où, dans une vie, la vie doit s'arrêter ou bien reprendre autrement. Après une maladie mal déterminée dont les graves complications cardiaques l'avaient mise en danger et conduite à l'hôpital, elle avait dû fermer son cabinet pour plusieurs semaines. Pas question pour elle de s'occuper des autres pour le moment, lui avait dit son médecin ; qu'elle oublie la psychanalyse, qu'elle laisse sa maison, et parte dans un endroit tranquille, au grand air, pas trop loin de personnes agréables qui ne lui demanderaient rien.

Dan et Noémie, des amis journalistes, avaient acquis assez récemment un châlet en moyenne montagne. Une maison douce, lui avaient-ils dit, avec une belle vue, des voisins délicieux, juste au-dessus d'un village où ils avaient des amis. Ils viendraient l'y rejoindre chaque week-end. Ruth avait accepté. C'est là qu'ils venaient de la conduire, vérifiant que rien d'essentiel ne manquait à son confort. Puis Dan était reparti vers la capitale, tandis que Noémie restait encore deux jours avec elle.

Elle était dans ces pensées, devant ce paysage d'une beauté presque difficile à croire, lorsqu'elle entendit des pas dans l'escalier qui montait au chalet. Elle s'attendait à ce que Noémie, présente dans la maison, aille au-devant du visiteur. Mais non. Rien ne bougeait. Avec un peu d'hésitation, Ruth se leva et s'avança vers l'homme qui finissait de gravir lentement l'escalier. Elle le reconnut à travers les années. Tout de suite. Le vêtement déjà. Noémie avait parlé de lui plusieurs fois, et encore la veille au soir ; Ruth à ce moment-là avait gardé le silence. Et voilà qu'il était devant elle.

– Pourquoi venez-vous ? lui demanda Ruth.

Cette question abrupte, imprévue même de celle qui la prononçait, comportait dans le ton la note de brièveté qui signifie : répondez-moi en vérité, je ne reculerai pas d'un centimètre. L'homme s'arrêta sur la dernière marche, la regarda et dit :

– Notre amie commune, Noémie, m'a demandé si je voulais vous rencontrer ici ce matin. Elle a jugé préférable de ne pas vous demander votre accord. Je ne sais pas si elle a eu raison ni si j'ai bien fait de venir. Le procédé est un peu brusque, je le reconnais. Si vous ne voulez pas de cette visite, un mot suffit.

Ruth regarda l'homme arrêté, le grand corps dans le long vêtement de moine ; le visage, le regard, les mains, à la fois tournés vers elle et retenus.

– Entrez, dit-elle à voix basse.

Ils s'installèrent sur la terrasse. Pour répondre à la première question de l'homme, sur sa santé, Ruth dit seulement avec un certain agacement :

– Le processus est maintenant bien enclenché.

– Que voulez-vous dire ?

– Je ne parle pas de la maladie ou du vieillissement. Ces mots-là ne disent que le mauvais fonctionnement ou l'usure. Ils ne donnent pas un sens à ce qui a lieu à partir d'un certain moment. Je cherchais un mot plus grand. Vous, les croyants, vous dites « création » pour l'arrivée de la vie. Mais vous n'avez pas de grand mot, semble-t-il, pour son départ. Il y a d'autres religions où la destruction aussi est divine. Le dieu de l'Occident semble n'avoir inventé que le bon, vous réservez à l'homme la responsabilité de la mort. C'est du moins ce qui circule dans cette culture, n'est-ce pas ?

Elle s'arrêta, hésitant entre une lassitude à dire et un désir de parler que seule sa colère lui faisait pour l'instant percevoir. Le combat qu'une telle rencontre allait forcément amener, en aurait-elle la force ? en avait-elle le désir ?

– La décréation, parlons-en, dit l'homme.

Chacun se cala plus confortablement dans son fauteuil. Noémie qui, de l'intérieur de la maison, suivait les événements, percevant non pas les mots mais la musique des voix, choisit ce moment pour apporter du café et du thé vert puis se retira, esquissant un sourire, sans les regarder. Après un temps qui fut occupé seulement par le rituel de l'échange – café, sucre ? merci –, un silence s'installa, bruyant d'obstacles à la parole. Simon parla le premier :

– Tant d'années passées sans nous revoir. Nous ne savons peut-être même plus comment nous appeler. Pour ma part, je suis toujours Simon.

– Moi, je suis Ruth.

Elle vit son regard interrogatif.

– J'étais plus souvent France, n'est-ce pas, ou France-Ruth. Je suis seulement Ruth maintenant. Il est vrai que ce prénom n'est pas facile dans ce pays. Les gens ne savent pas comment le dire. Ils le voient écrit comme « rut », cela les gêne, et ils sont très étonnés de devoir le prononcer comme « route » qu'ils ne voient pas écrit. Vous faites bien de me dire comment vous appeler, ajouta-t-elle. Je dois vous prévenir : je ne me vois vraiment pas vous appeler « père ».

Une ironie nuancée se lisait dans le regard qu'elle lui adressait. Elle poursuivit :

– D'ailleurs, votre religion même me l'interdirait, n'est-ce pas ? Il est vrai que c'est l'un des interdits les moins respectés par les chrétiens. Quand on dit « Très Saint Père », on transgresse l'Évangile, si je me souviens du texte que je lisais par provocation devant mes parents lorsque j'étais adolescente...

Simon ne put s'empêcher de sourire. « Je la retrouve, pensa-t-il. Déjà à vingt ans, elle ne laissait rien passer. Elle a beau être aujourd'hui fragile comme du verre, elle emploie ses trois grammes de force à pointer une incohérence. C'est bien la même ; pourtant l'intransigeance est pourvue d'une curieuse grâce à présent. » Il reprit tout haut :

– Vous faites référence, je pense, à la phrase de l'évangile de Matthieu : « Pour vous, ne vous faites pas appeler rabbi : car un seul est votre maître, et tous vous êtes des frères. N'appelez personne votre père sur la terre : car un seul est votre Père, le Père céleste. »

– Oui, dit Ruth. Le texte est encore plus explicite que je ne l'imaginais. Jusqu'à quand les chrétiens supporteront-ils qu'une telle parole soit lettre morte ? Dans votre monastère, il y a un père abbé, n'est-ce pas ? Comme *abba* en hébreu veut aussi dire « père », ça fait deux manquements à un souhait de votre Jésus, c'est beaucoup, vous ne trouvez pas ?

Il détourna son regard vers les montagnes devant eux :

– Je vais vous dire ma position sur ces misères, sinon nous aurons du mal... À votre critique, Ruth, je pourrais donner plusieurs réponses. Je pourrais la refuser et nier que la religion catholique ait transgressé en quoi que ce soit l'Évangile ; mais il me faudrait pour cela méconnaître à la fois la lettre du texte et l'histoire. Car la phrase que je viens de vous citer figure bien dans l'évangile de Matthieu, chapitre 23. On ne peut pas dire qu'elle ait été beaucoup lue, commentée, ou enseignée dans l'Église, en effet. La plupart des fidèles l'ignorent et ne l'ont jamais pratiquée. Seuls la respectent certains ordres monastiques fondés plus tardivement que le mien, comme les dominicains qui, eux, ont pris le parti de s'appeler et de se faire appeler « frères », du plus grand au plus petit. Votre critique tombe juste. Reconnaissant cette dérive, je peux me désintéresser purement et simplement de cette religion ou bien chercher à la refonder sur des fondations qui seraient les bonnes, les vraies ; construire une autre Église qui dénonce l'idolâtrie et se sépare des souillures du passé. Je partage en grande partie ces critiques et ce désir. L'ennui, quand on veut refonder l'Église dans une prétendue pureté originelle du message, c'est que le nettoyage est sans cesse à refaire, les refondations se multiplient.

Il se tut un instant avant de reprendre, en tournant à demi son visage vers elle :

– Je crois être passé dans ma vie à peu près par toutes les couleurs auxquelles j'ai fait allusion : j'ai eu mon temps d'idéalisation de l'Église – non, elle n'avait rien trahi ; mon temps de révolte contre l'institution qui nous a transmis ces Écritures en nous en barrant l'accès pour une grande part. Puis un temps – long – de refus de tout cela, un désintérêt qui ne me faisait même pas désirer une réforme. Ensuite, une quête de rénovation radicale. Finalement, j'ai pris un cinquième parti : accepter l'héritage avec le passif qu'il comporte. La méfiance n'a pas cessé vis-à-vis de l'institution, mais la patience m'est venue envers les falsifications de la parole par une longue fréquentation de mes propres détournements et de ceux de mes proches. D'ailleurs, comme vous vous en souvenez peut-être, cette Église a été fondée sur un homme qui a renié son maître et ami, et même sa propre parole. Il s'appelait Simon avant d'être appelé Pierre. Si je reste du côté de la succession ininterrompue des apôtres, c'est que je ne tiens pas à oublier cette défaillance heureusement gardée – et sans doute reproduite aussi – à chaque génération. Le reniement de Pierre me paraît tout compte fait plus fiable comme fondation qu'une pureté et une perfection à l'origine du christianisme. Quoi de plus solide dans la parole qu'une défaillance reconnue ? Et puis il est vrai que la Réforme a donné quelque fruit dans l'Église catholique elle-même. La puissance qui avait perdu l'Église a peu à peu disparu. Et avec elle la suffisance. Il n'est plus aussi nécessaire pour être catholique de renoncer à ce que le protestantisme nous a apporté. Quant au mot « père », j'y reviens, je n'en fais usage à peu près que dans la prière, selon la recommandation de Matthieu. J'appelle le père abbé par son prénom et je ne demande pas qu'on m'appelle « père », même si ma charge est traditionnellement appelée « père maître des novices ». Mais comment interdirais-je le transfert, comme on dit dans votre métier ? D'ailleurs, dans le texte de Matthieu, Jésus demande à ceux qui pourraient faire autorité de ne pas se faire appeler « maître » ; le mot « père », il n'exige pas d'eux qu'ils le refusent : l'interdit s'adresse aux autres, à ceux qui voudraient se placer dans une position de fils sur la terre vis-à-vis de pères humains. Alors qu'ils sont fils d'un seul, le céleste.

Se tournant tout à fait vers elle, il ajouta :

– Voilà ma réponse, un peu longue mais nécessaire, me semble-t-il. C'est donc comme « frère » que je suis venu.

– Frère Simon... dit-elle, un peu rêveuse.

Contrairement à son attente, le moine lui avait vraiment répondu. Il ne s'était pas abrité derrière une doctrine toute faite pour lui enseigner ce qu'il aurait fallu comprendre du texte de Matthieu. Il n'avait usé que d'un seul appui : le récit de son propre chemin, de ses compréhensions successives. Elle était sensible à cette attitude. Il avait parlé d'« héritage accepté avec le passif qu'il comporte », ce qui impliquait le repérage de ce passif : des mots qu'elle aurait pu elle-même employer pour évoquer le chemin de la cure. Quant à la critique du « Très Saint Père » qu'elle lui avait lancée par provocation, Simon l'avait non seulement acceptée, mais confirmée par le rappel du manquement du premier pape. Pas de « Très Saint Pierre », en effet. Et tout pape, à en croire Simon, demeurait le premier gardien du reniement... Mais n'était-ce pas aussi entretenir une culpabilité chaque matin, à chaque lever du soleil, car n'y avait-t-il pas dans cette histoire un coq qui avait réveillé le renieur ? Que signifiait ce coq ? Elle ne se souvenait plus bien. Non, elle n'allait pas parler du coq. « Tout cela est sans doute intéressant, se dit-elle, mais s'il ne me vient à lui dire que des critiques et qu'à chacune il doive reprendre les choses à partir du commencement de l'Église, ce sera épuisant pour tous les deux. » Ruth approuva sans poursuivre. Simon changea de sujet :

– Nos chemins qui se sont croisés lorsque nous étions étudiants se recroisent aujourd'hui, après plus de trente ans. Le hasard nous joue un tour à sa façon, vous ne trouvez pas ?

– Si. J'ai été intriguée lorsque Noémie m'a parlé de vous l'été dernier. Une impression curieuse. Il m'a fallu quelques jours pour comprendre que le moine qu'elle rencontrait au monastère le plus proche de son nouveau chalet était l'étudiant en médecine avec lequel j'avais jadis passé tant d'heures à discuter dans les cafés du Quartier latin.

– Et de mon côté, c'est par un détail que j'ai retrouvé dans les allusions de Noémie le souvenir d'une camarade qui avait changé de tout : de prénom, de nom, de profession... En fait, je m'étonne encore que, sans rien savoir, Noémie ait pu nous transmettre à l'un et à l'autre les signes qui nous ont permis de nous reconnaître.

– Elle a reçu de je ne sais qui un don particulier pour percevoir les alliances entre les personnes. Quand elle était enfant, si elle se trouvait au milieu d'une réunion, d'une réception, elle sentait tout de suite qui allait avec qui. Ce qui lui a fait faire quelques gaffes retentissantes – elle me l'a raconté – lorsque les personnes en question ne tenaient pas à faire connaître leurs relations...

– Le genre de gaffeuse perspicace qui devient un jour journaliste... ou psychanalyste ? fit Simon avec un léger sourire.

– Oui, je suis moi aussi une gaffeuse de ce type, reconnut Ruth. Quant à devenir psychanalyste, cela se fait après bien des détours. Ce métier n'est pas un premier métier. Et même pas un métier du tout.

– Le mien non plus, dit le moine. Finalement, nous avons fait tout ce travail pour parvenir à être sans profession.

Ce fut au tour de Ruth de se dire : « Il n'a pas changé. Toujours d'une douceur, d'une patience de chat qu'on n'attendrait pas chez un homme de ce physique. Amateur de paradoxes et de chemins qui tournent dès le début. » Ces pensées qui leur venaient l'un à propos de l'autre, ils n'étaient pas prêts à se les avouer.

Par un accord tacite, ce premier entretien sans rendez-vous fut tissé de prudence. Une fois les premières passerelles reconstruites, ils n'échangèrent que des bribes de nouvelles, des fragments de souvenirs, les moins proches d'eux ; des opinions, les moins personnelles elles aussi. Ruth avait cru comprendre par les allusions de Noémie que Simon ne correspondait sans doute pas à l'image qu'elle, Ruth, se faisait d'un moine. Mais comment une femme, juive et psychanalyste, pouvait-elle aborder une telle rencontre sans éprouver elle-même la défiance qu'elle s'attendait à susciter chez l'autre ? Cette liberté de penser, de parler, de désirer à laquelle la psychanalyse peut donner accès, l'Église s'y était tant de fois opposée à travers les siècles et même à présent. Elle avait entendu tant de patients qu'une identification au Christ fixait à une croix imaginaire où ils souffraient sans mourir.

Du côté de Simon, les obstacles ne manquaient pas non plus. Il avait appris par Noémie que Ruth se situait plutôt dans la lignée de Freud en ce qui concernait la « religion » : la religion intimidait l'intelligence, diabolisait le plaisir, maintenait la vie corsetée dans des lois rigides impossibles à observer qui finalement rendaient l'homme malade. Or, Simon avait accueilli certains psychanalysés dont l'intelligence avait été fortement intimidée non par la religion mais par la psychanalyse elle-même, dont la vie avait certes été dégagée d'un corset mais doutant désormais de toute affirmation, suspectant tout élan. Des êtres perdus auxquels on avait prescrit comme loi leur propre désir, retirant à leurs forces tout point d'appui extérieur. Le moine savait également qu'il représentait lui-même, pour qui le rencontrait une première fois, l'institution la plus mise en cause dans les abus de pouvoir spirituel. Il avait appris à recevoir la colère des autres. La transmission, c'était aussi cela : le fils du meurtrier devait supporter que sa simple présence réveille la douleur et la haine de l'autre. Jusqu'à ce que l'autre s'aperçoive que le fils avait lui aussi pleuré et déploré ce qu'avait fait le père, un père qui l'avait d'ailleurs presque tué et dont pourtant le fils ne cessait de porter le nom.

Ce premier moment que Simon et Ruth passaient ensemble, ils le vivaient différemment. Pour lui, c'était une rencontre prévue, désirée. En lui une place s'était préparée pour accueillir Ruth. Il en allait tout autrement pour elle. C'était une réapparition sans avertissement. Et même s'il lui avait reconnu tout de suite le droit de la refuser, cette intrusion bousculait en elle une frontière, rouvrait un lieu du passé. Dans cet imprévu, des sentiments, des pensées lui venaient dont elle n'avait eu le temps de préparer ni l'accueil ni le rejet.

Après une demi-heure de conversation précautionneuse, Ruth se sentit pâlir de fatigue. Simon vit le changement de son visage, le bâillement naissant. Il se prépara à prendre congé, pensant que les derniers mots qu'ils échangeraient seraient peut-être les derniers en effet. Qui sait si elle accepterait de le revoir ? Ils se quittèrent brièvement, en quelques formules de politesse. Seuls les regards parlaient, dans une langue difficile à déchiffrer. Noémie, entendant le bruit des fauteuils, se trouva sur le passage pour raccompagner Simon jusqu'à l'escalier, en silence elle aussi. Silence que Ruth entendit de la terrasse et qu'elle apprécia : la balle, dans le jeu qui s'était joué entre eux trois, était à présent dans son camp. Elle s'allongea sur une chaise longue, épuisée. Alors lui advint un instant de joie pure, inattendue, qu'elle attribua à la paix retrouvée et à la splendeur visible devant elle. Joie qu'elle emporta en elle en fermant les yeux.

Le déjeuner fut bref. Ruth, très lasse, parla d'autre chose. Noémie, qui ne voulait pas prendre l'initiative de revenir sur la visite du matin, partit tôt en ville. Ruth alla dormir. Après le dîner, Noémie, que le silence de Ruth sur la venue de Simon commençait à inquiéter, alluma du feu, puis apporta des boissons chaudes. Elle vérifia que Ruth était bien installée, se posa elle-même confortablement et se lança :

– Est-ce que tu m'en veux beaucoup ?

– Pour Simon ?

– Oui.

– Je ne sais pas. Peut-être. Je voudrais surtout que tu répondes à deux questions : pourquoi voulais-tu que je le revoie et pourquoi ne m'as-tu pas prévenue de sa visite ?

– Il y a quelques jours, je t'ai reparlé du monastère et de lui, dit Noémie. Tu m'as écoutée sans me répondre, tu semblais ailleurs. Tu te souviens ?

– Oui. Ce que tu disais me laissait rêveuse en effet. À moins de souscrire encore entièrement aux positions rationalistes de Freud, tu n'imagines pas l'ampleur des questions qu'une vie de moine, une vie « consacrée à Dieu » peut poser à un psychanalyste s'il consent à y réfléchir – ou si, comme moi, il n'est plus en état de refouler ou même de remettre à plus tard les interrogations à propos du sens de la vie, et de la mort.

– Pourtant il t'arrive bien de recevoir des religieux dans ton cabinet, tu ne refuses pas, n'est-ce pas ?

– Mais c'est différent. Leur démarche vers la psychanalyse montre qu'ils sont prêts à une remise en question, qu'ils veulent y être aidés – je ne vois évidemment arriver que ceux qui sont en état d'appeler au secours. C'est la souffrance qui les amène, pas la croyance. Parfois, ils refont leur premier choix de vie et restent, mais autrement, au monastère. D'autres fois, ils quittent une vie religieuse difficile qui cependant leur a souvent permis de faire à la fois une première rupture avec leur milieu et une répétition – une mise en scène inconsciente – de ce qui avait eu lieu dans leur famille. Passage dangereux alors, mais qui peut être utile lorsqu'on en sort ensuite par la parole.

– Ruth, est-ce que tu ne pourrais pas dire la même chose du passage dans n'importe quelle secte ?

– C'est là aussi différent. Exemple : j'ai vu des ordres religieux qui ont une longue tradition, une longue expérience des relations, je les ai vus plusieurs fois aider les personnes qui voulaient les quitter à se réinsérer dans le monde. Je me souviens même d'hommes et de femmes – dont certains sont devenus psychanalystes, d'ailleurs – auxquels leur ordre a fourni la possibilité de reprendre une formation ou encore un premier local professionnel. Les sectes ne font pas cela. Quiconque les quitte n'existe plus.

Ruth reprit un instant son souffle et poursuivit :

– Rencontrer un religieux hors de mon cabinet, c'est autre chose. Qu'aurions-nous à nous dire ? Tout me sépare d'un moine catholique. Je ne crois pas en Dieu, lui probablement pas à l'inconscient. Pour lui, la vérité est divine, elle s'est révélée aux hommes et même incarnée en un homme. Pour moi, la vérité est humaine, elle nous est cachée et ne nous arrive que par ce que nous ne savons pas. La parole lui vient du dehors, moi du dedans. Il a choisi de vivre comme au-delà de la condition humaine avec ce célibat, cette pauvreté, cette communauté masculine, cette vie religieuse. Ma vie et mon travail sont au contraire immergés dans la différence des sexes et des générations, dans la société de mon temps et la recherche scientifique. Je n'ai suivi presque aucun des chemins recommandés par son Église : j'ai divorcé, je vis avec un homme qui n'est pas mon mari... Et puis je suis juive et agnostique. Toi, tu me parlais d'un moine catholique, Noémie, d'un moine heureux de son sort. Je ne voyais rien à lui demander d'acceptable par lui, rien à lui dire de ma propre recherche qui me semble si contraire à la sienne. L'écouter même me paraissait difficile, pensant que ce ne serait pas tant lui qui parlerait que la doctrine et la morale de sa religion. Quand il s'est avéré que j'avais connu cet homme alors qu'il était un jeune étudiant brillant et libre, je voyais encore moins comment nous pourrions nous rencontrer sans qu'il soit question de choses essentielles à l'un et à l'autre, sur lesquelles nous serions très probablement en complet désaccord. Sauf à nous rencontrer sur le mode de ce matin, en retenant des paroles derrière les dents. Fatigant !

– Oui, et frustrant, j'en suis désolée, admit Noémie. Je pensais bien que tes sentiments envers Simon seraient mêlés. Alors, j'ai imaginé ceci : la rencontre de Simon aurait pu t'intéresser, mais tu ne la croyais pas possible. Tu ne croyais pas que lui – le moine qui ne demandait pas d'aide – désirerait parler avec toi, la psychanalyste juive critique envers la religion, et qu'il voudrait bien parler de « tout ». Ça, tu n'y croyais pas. Il fallait donc qu'il vienne lui-même te le proposer. Est-ce que je me trompais ?

– C'est assez vrai ce que tu dis là, répondit Ruth.

Noémie continua sa défense :

– De mon côté, j'avais deux raisons d'agir comme je l'ai fait. D'abord, c'est la première fois que je rencontre un moine attentif à une femme comme moi, à la fois juive et non juive, mécréante et plus intéressée par les textes que par la foi, le culte et les prières. Son intérêt à lui pour ces mêmes textes, sa connaissance de l'hébreu – et pas seulement du latin et du grec – m'ont étonnée. Quand je t'en ai parlé, tu avais d'autres soucis, il est vrai, mais ton silence m'a intimidée.

– Rappelle-moi comment tu l'as rencontré.

– Un jour, des amis nous ont proposé, à Dan et à moi, de venir avec eux à un week-end de « voyage dans la Bible » dans un monastère. On a beau être tous deux journalistes et circuler pas mal, nous n'avions de ce voyage-là aucune expérience.

– Et vous y êtes allés tous les deux ? demanda Ruth.

– Non. Dan était très méfiant ; d'ailleurs sur ce sujet il l'est resté. Moi, j'ai pensé : s'il n'y avait que des rabbins, je n'irais pas. Que des prêtres, non plus. S'il n'y avait pas eu d'autres laïcs, pas davantage. Mais s'il s'agissait d'une rencontre *entre*, pourquoi pas ? Au monastère, il y avait donc des hommes, des femmes, de différentes professions, confessions, origines. Une quinzaine de personnes la première fois, chacun venant en tant que lecteur. C'était étrange pour moi, presque ignorante, de lire à égalité avec d'autres tellement plus savants. Et là, j'ai trouvé en Simon un homme libre : je ne l'ai jamais vu soumis à autrui ni soumettant autrui. Et puis, ce que j'ai découvert avant tout, c'est un ami rare. Tu es toi-même une amie rare. Cela aurait suffi pour que je veuille vous présenter l'un à l'autre. Un jour, j'ai compris que vous aviez été camarades à la fac autrefois et je ne me voyais pas vous garder chacun pour moi toute seule. C'est une première raison.

Noémie but une gorgée en jetant un coup d'œil vers Ruth, et poursuivit :

– La seconde raison que j'avais pour agir ainsi, c'est ce que tu viens de vivre, Ruth. Je t'ai vue durant des jours à l'hôpital entourée de ton homme et des trois enfants. Aucun d'eux ne pouvait te laisser dire des mots comme : « Je crois que je vais mourir. »

– Comment leur en vouloir ? Ce sont mes proches : ils ne peuvent pas encore penser et dire ma disparition comme nous avons pu le faire, toi et moi.

– Oui, je sais. Ils auraient eu l'impression d'invoquer la mort en l'évoquant, de la faire entrer dans ta chambre. Et puis, j'ai vu aussi tes collègues, même amis. À part deux d'entre eux reliés à une tradition – comme par hasard –, les autres te proposaient de t'aider professionnellement – recevoir tes patients, les orienter éventuellement –, mais ils se trouvaient plutôt démunis devant ce que tu traversais. Tes préoccupations à propos de la mort semblaient n'avoir pas de sens pour eux. Tu m'as rapporté des choses assez misérables qu'ils t'avaient dites quand tu leur as fait connaître la gravité de ton état : l'un t'a répondu par un jeu de mots, l'autre par une citation de Lacan. Eux non plus ne pouvaient pas t'entendre. Que l'homme soit mortel, mais que son désir l'emmène au-delà de cette condition, ils ne le reçoivent pas. Il me semble qu'à leurs yeux, un tel désir est interdit à l'adulte conscient. Ils pensent digne d'accepter stoïquement – comme Freud – l'absurde d'une condition où l'homme n'est qu'un animal qui doit, primo ne pas se vanter d'être plus qu'un animal, secundo accepter comme un grand de n'être que ça, et tertio, attendre sans se plaindre l'arrivée du néant qu'on hâtera s'il tarde à venir. Alors que toi, même si tu te méfies de toute croyance, tu ne t'es jamais contentée de cette misère. Je te raconte tout cela à ma façon.

– Tu as raison. Comme tu le dis si bien, je n'ai jamais renoncé à désirer qu'il en soit autrement. En fait, je suis voltairienne : comme Voltaire, je pense qu'il n'est pas plus étonnant de naître deux fois qu'une. Les croyances en l'au-delà ne me paraissent pas plus illusoires que les non-croyances. Seulement je n'en ai encore jamais trouvé qui me paraisse désirable. C'est plutôt cela l'obstacle pour moi.

– Tu rejoins la dernière chose que je voulais te dire. Moi qui ne suis ni de ta famille ni de tes collègues, j'ai entendu que ta vie n'est pas hors de danger et qu'elle ne le sera sans doute jamais plus. Que, même si tu vis encore longtemps, tu vas désormais marcher au bord de ta mort.

– Noémie, dis-moi qui, parmi les mortels, ne marche au bord de sa mort ? l'interrompit Ruth, haussant involontairement le ton.

– Bien sûr, concéda Noémie, mais on n'y vit pas, tu le sais bien. Un risque de mort permanent et conscient, c'est autre chose. La métaphysicienne que tu étais à quinze ans, comme tu me le racontais un jour, tu la rattrapes aujourd'hui ; ou bien c'est elle qui te précède, je ne sais. Elle, elle aurait éclaté de rire au nez de Freud s'il lui avait parlé comme dans sa lettre dont j'ai oublié les termes...

– Une lettre de 1930 : « La métaphysique... je n'ai pas d'organe pour ça... c'est même une nuisance » ?

– Oui, tu me l'as lue à l'hôpital, tu t'en souviens ? Ce jour-là, tu m'as dit que tu allais probablement mourir bientôt et que l'avis de Freud sur ces questions, tu n'en avais plus rien à faire. Que les mourants avaient droit à l'opium dont de grands savants avaient voulu priver ceux qui souffraient, et à la consolation qu'ils avaient voulu déraciner de la culture... Ta question, mi-humoristique, mi-sérieuse, était : où trouver encore de l'opium de bonne qualité ? J'ai bien vu qu'il te manquait un interlocuteur dans cette dimension que toi, tu ne méprisais plus : celle de la vie qui veut passer la mort. Et voilà que le hasard s'en est mêlé. J'avais fait la connaissance de Simon quelque temps auparavant. Un hasard qui jouait aussi avec ton propre passé. Je me suis dit alors que si tu venais au printemps jusqu'à notre vallée de montagne, je ferais en sorte que vous vous retrouviez, Simon et toi. Tu es arrivée et j'ai senti qu'il y avait des obstacles à ce rendez-vous et que je ne parviendrais pas, moi, à les lever. Seul Simon le pouvait, peut-être.

Les bûches enchevêtrées dans la cheminée commençaient à s'écrouler. Noémie fut contente d'avoir à s'occuper du feu sans regarder Ruth. Pour toute réponse, celle-ci s'approcha derrière elle et mit sa main sur son épaule. Noémie se retourna et vit les larmes dans les yeux de Ruth : une porte longtemps condamnée s'était ouverte.

II

Il ne fallut que cette conversation entre Ruth et Noémie, quelques jours de repos et de réflexion, pour que Ruth rappelât Simon et que s'établît entre eux un rythme de rencontres sans raison, sans but, sans qualificatif.

Leur ancien tutoiement d'étudiant ne leur revint pas à la bouche. Ils convinrent ensemble que se dire « vous » était plus nouveau. La vie leur avait enseigné l'écart entre les êtres. L'un comme l'autre s'en servaient désormais pour pouvoir s'approcher.

– Simon, comment se fait-il que vous ayez quitté la médecine ?

– J'ai la même demande à vous adresser. Nous l'avons quittée bien différemment et vous au milieu des études, n'est-ce pas ? moi après dix ans d'exercice.

– Lequel commence à parler ? dit Ruth.

– Vous. Puisque c'est vous qui avez lancé le sujet, dit Simon.

Après un silence, Ruth commença :

– Le destin peut nous imposer toutes sortes de choses. Mais heureusement, il ne peut pas nous empêcher de lui répondre. Faire médecine, c'était, consciemment, ma première réponse au handicap qui avait cloué ma sœur dans un fauteuil. Pour moi qui disposais d'une bonne santé, pas question de rester devant la mort ou l'infirmité sans rien faire. J'ai donc choisi de lutter contre le mal sous la seule forme que je lui connaissais alors. Mais si j'ai bien décidé de faire médecine, en revanche, je n'ai jamais vraiment décidé de l'abandonner. Comme ce n'est pas venu de ma raison, j'ai mis du temps à comprendre que cet abandon, que je croyais m'être imposé par la maladie, venait en réalité de moi. Et de bien plus profond que ma raison. Vous vous en souvenez peut-être, c'est en cours d'année que nous nous sommes perdus de vue : j'ai disparu de la fac de médecine et quitté Paris. Vous l'aviez sans doute deviné : je me suis effondrée.

– J'ai supposé quelque chose comme ça, en effet. Sans comprendre.

– Cela s'est déclenché pendant un de mes premiers stages. J'étais apparemment très bien tombée : un service de pointe, une équipe très dynamique, des résultats spectaculaires. En fait, pour moi, ç'a été un choc. Je croyais qu'un médecin, c'était un clinicien au sens propre, celui qui s'asseyait au lit du malade et commençait par parler avec lui. Ce n'était pas faux d'ailleurs, plusieurs de mes copains ont connu ça et ont poursuivi leurs études. Mais dans mon service sophistiqué, les médecins ne s'asseyaient plus : ils étaient plus attentifs à des écrans, des graphiques et des résultats de labo qu'aux dires de leurs patients. Par rapport à ce que je recherchais, je n'étais évidemment pas à ma place dans cette médecine pointue où le patron et son équipe ne pensaient qu'à la publication au prochain congrès de la technique opératoire qu'ils avaient mise au point. Je me sentais de plus en plus mal. Un beau jour, je me suis aperçue que, dans mes moments libres à l'hôpital, je passais plus de temps avec les patients, les infirmières et les secrétaires qu'avec les médecins. Le lendemain, je n'ai pas pu me lever : au lieu de devenir médecin, je suis devenue malade. C'était ma seconde façon de combattre mais je ne le savais pas à ce moment-là, bien sûr. Pour moi comme pour ma famille, ce n'était qu'une maladie incompréhensible. Un échec aussi. Je ne vous raconterai pas mes longues errances de médecin en médecin jusqu'au psychiatre. Et même là, le temps qu'il a fallu pour que ce psychiatre renonce à me guérir... Enfin un jour, lassé de ne rien pouvoir, il m'a envoyée contre son goût à un psychanalyste. La psychanalyse n'était pas de mon goût non plus, mais je n'avais pas le choix : c'était pour moi la dernière porte avant la mort. Lorsque j'ai découvert ce lieu de parole – à l'époque, je ne connaissais personne qui ait vécu cela –, j'ai eu le sentiment que ma vie commençait une deuxième fois. Ma vie, pas celle que je m'étais crue jusqu'à ce moment tenue de vivre et dont on essayait en vain de me rendre à nouveau capable. Alors j'ai senti, j'ai compris que le mal que je voulais combattre n'était pas la mort physique mais la mort psychique. J'avais pourtant bien fait de passer par la médecine ; ç'a été un premier temps, un lieu de traduction dans ma langue de ce que je cherchais. Ce à quoi la maladie dépressive – une des réussites de ma vie – m'a donné accès. Je dis « réussite », vous comprenez ?

– Oui, je crois comprendre, même si je n'oserais peut-être pas le dire aussi carrément.

– Rassurez-vous, je le raconte rarement ainsi. Même à mes collègues.

Ruth se tut un instant, respira profondément et reprit :

– En réfléchissant plus tard à cette période, j'ai pensé que deux éléments essentiels m'ont détournée de la voie médicale. D'abord, la position du médecin qui a sur la maladie un savoir que le malade ignore, un savoir qu'il ne partagera pas vraiment avec lui – cette position surplombante ne m'intéressait pas. Et puis, la position du malade qui a de son mal une expérience que le médecin n'a pas et un savoir intime qui ne sera le plus souvent pas pris en compte – cette position humiliée ne m'allait pas non plus. Ce que je désirais, je ne me le formulais pas encore. Cela aurait pu se dire ainsi : je voulais soigner des malades qui seraient aussi médecins de leur maladie, soigner des maladies dont je pourrais moi-même être malade. Le jour où j'ai découvert que cette idée folle n'était pas très éloignée de celle d'un certain Sigmund Freud, un nouveau monde s'est ouvert. Où j'ai d'abord trouvé pour moi-même un chemin et puis un jour une place. Quant à ma vie privée, ma vie présente, permettez-moi de ne pas en parler : je suis ici pour laisser toute responsabilité, tout souci. Voilà ce que je peux vous raconter pour le moment.

Après un long regard silencieux, Simon enchaîna :

– Ce que je vais vous dire a l'air tout différent et pourtant... Lorsque j'ai terminé mes études, malgré de bons résultats, la carrière hospitalière ne me tentait pas. Moi aussi, je voulais faire la médecine à laquelle je croyais. Je pensais qu'en travaillant en libéral, j'aurais les coudées plus franches. Et puis je voulais être libre de quitter la France. Mon meilleur ami en médecine, que j'ai connu en cinquième année, avait choisi d'être un *french doctor* et il m'a entraîné plusieurs fois dans des urgences en Afrique et en Asie. Pour le dire en peu de mots, il y a eu, évidemment, le choc des misères inimaginables par un jeune Occidental nanti, mais en même temps, j'ai découvert des cultures et des communautés où la vie, la maladie, la mort avaient une place et une valeur très différentes, et les hommes, les femmes et les enfants d'autres liens qu'ici ; les paroles un autre poids également. J'ai cessé de croire riches ceux qui, ayant déjà beaucoup, voulaient toujours davantage et je n'ai plus appelé « pauvres » des gens qui ne possédaient pas ce qu'ils ne désiraient pas.

Ruth approuva d'un hochement de tête.

– Ç'a été la première fêlure de ma carapace. Puis je me suis marié, fixé en France et j'ai continué d'exercer et d'aimer ce métier. Un jour est arrivé l'accident au cours duquel nous avons été blessés, ma femme et moi. Elle beaucoup plus grièvement parce que la voiture qui a grillé le feu a percuté la nôtre de son côté. Moi, j'ai récupéré un minimum de vie sans pouvoir encore reprendre le travail ni même les tâches quotidiennes d'une maison. L'état de ma femme, au contraire, s'est aggravé... trop d'organes avaient été touchés. Malgré plusieurs interventions, on ne parvenait pas à la tirer de là. Cela a duré des semaines. Je ne pouvais rien faire d'autre que venir chaque jour à l'hôpital avec mes béquilles et m'asseoir à côté d'elle.

Simon s'arrêta un instant, le regard sur la neige des sommets, loin devant eux. Ruth qui l'avait écouté de toute son attention retenait des questions (Simon et sa femme avaient-ils des enfants ?...). N'avait-elle pas elle-même demandé à ne pas ouvrir la porte de sa vie privée ?

L'horloge de l'église juste au-dessous d'eux sonna. Simon reprit en se tournant vers Ruth :

– Peut-être l'avez-vous croisée... Elle avait rejoint notre réseau d'amis un peu avant votre départ, je crois. Régine Dumier. Elle était grande, des cheveux longs châtains-roux, elle était alors étudiante en philosophie. Ça ne vous dit rien ?

– Peut-être..., dit Ruth.

– Il est vrai que nous étions nombreux et les heures de liberté étaient bien différentes en philo et en médecine. En fait, je l'ai vraiment rencontrée plus tard lorsque nous avons fait de la musique ensemble. Pour en revenir à l'époque de l'accident, durant les longs jours où elle a été à l'hôpital opérée, réopérée puis mourante, nous avons eu des conversations comme nous n'en avions jamais eu. Elle n'était pas croyante. Elle ne croyait pas en quelque chose, pas même vraiment en quelqu'un, me semblait-il. Elle *croyait*. Comme on aurait pu dire aussi bien : elle voyait, ou elle entendait. Ce verbe « croire » était pour elle sans complément. Il ne signifiait pas, à ce que j'en comprenais, l'adhésion à une foi, mais à un événement qui se produisait dans sa vie, de l'ordre de la présence. Il y avait pour elle dans l'invisible un autre avec lequel elle était. Elle ne pouvait pas m'en dire plus : peut-être parce que je ne pouvais pas en entendre davantage. Son arrivée vers la mort que j'ai niée d'abord, elle en a été elle-même consciente. Non, le mot ne convient pas tout à fait. Je dirais qu'elle en a été *avisée*, comme si un mystérieux messager était venu le lui annoncer une certaine nuit.

Simon s'interrompit : percevant un léger changement sur le visage de Ruth, il crut qu'elle se crispait.

– Ce que je vous raconte là peut vous paraître...

– Non, non. Continuez, je vous en prie.

– À partir de ce moment, sa vie a basculé. Elle m'a conduit par la main, le cœur, la tête, je ne sais, vers ce que je ne sais pas non plus, qui a fait basculer ma vie à moi aussi. Puis elle est partie dans une paix, une confiance inexplicables que j'ai partagées avec elle tant qu'elle a été là. Une fois seul, cette paix, cette confiance qui ne s'appuyaient encore sur rien en moi ont volé en éclats. J'étais complètement perdu.

Simon se tut. Sans chercher à penser à ce qu'il venait de raconter, Ruth se taisait auprès de lui.

« Comme dans un cimetière, pensa Simon, le silence de ceux qui ne savent rien et supportent ensemble de ne pas savoir. Est-ce aussi cela, croire ? Un non-savoir commun qui écoute et commence à se faire connaissance. Connaissance d'un secret dont on ne peut pas parler avec ceux qui savent... » Il laissait couler les mots qui lui venaient et les gardait en lui :

Ruth devait certainement se trouver sur un autre chemin.

Presque sans rompre le silence tant sa voix était basse, Ruth souffla :

– Elle savait, n'est-ce pas... je veux dire : elle connaissait qu'elle ne serait jamais dans cette tombe qu'on allait ouvrir à son nom ?

Simon resta un instant saisi de la coïncidence de leurs pensées. Puis soudain, il se mit à rire :

– Ruth, par où êtes-vous donc passée pour en arriver là ? Ainsi, vous non plus, vous ne croyez pas au néant ?

– Pas plus au Père Néant qu'au Père Noël, répondit Ruth sur le même ton. J'ai fini par renvoyer dos à dos deux croyances opposées qui me paraissent finalement toutes deux infantiles – au sens du mot latin *infans*, l'être qui ne parle pas. À strictement parler, ces croyances ne comptent pas avec la parole. Qu'il s'agisse du néant ou du dieu, si on les croit tout-puissants sur la vie humaine, cela revient au même, c'est toujours à une toute-puissance que l'on croit. Dieu ou néant, quelle différence ? Dans les deux cas, l'homme est réduit à rien. Pour moi, tout pouvoir absolu a le même effet : l'anéantissement de l'être parlant. Or, s'il y a de la parole, de l'âme, de l'esprit dans cette vie, quel que soit le mot par lequel on essaie de l'évoquer, c'est que quelque chose échappe à la prise dans la vie des hommes. Je crois que cette parole, cette âme, cet esprit ne sauraient tomber dans une tombe parce qu'ils n'appartiennent pas à ce qui tombe. Vous allez peut-être trouver que ces paroles, venant de moi qui ne crois pas, sont contradictoires avec mon agnosticisme. Vous aurez raison : il ne s'appuie pas sur la raison, mais sur une expérience. C'est pour cela que je ne peux pas dire : je crois, et pourtant, ce n'est pas un savoir. Peut-on appeler croyance ce qui s'appuie sur une expérience ?

– Je ne suis pas certain de saisir de quelle expérience vous parlez, dit Simon.

Ruth répondit par un rire léger.

– Évidemment, je ne sais pas le dire moi-même, et je vous embarque sans préparation dans ma métaphysique personnelle.

Elle reprit plus gravement :

– Cette expérience est-elle si loin de la vôtre ? Même sans parler encore de cette mystérieuse paix à laquelle vous faisiez tout à l'heure allusion, on peut certainement trouver des histoires communes à un moine et un analyste. Quelqu'un veut vous parler. Il vient, revient. Et un jour, il ressent la parole qu'il vous adresse comme sienne, parce que vous l'écoutez d'une certaine façon, que vous l'accueillez, lui. Et il découvre qu'il *est* celui qui parle avec vous. C'est un événement du corps entier, cela ne se réduit pas à la tête : il est « touché » comme on dit. Touché de joie. Vous aussi, vous êtes touché de joie. Comment dirait-on cela dans votre langue, « transfiguration » ? Dans la mienne, cela peut s'appeler « assomption du sujet » ou « avènement du sujet ».

Simon ne put s'empêcher de faire remarquer :

– Assomption et avènement... C'est tout de même curieux que des scientifiques, le plus souvent athées et républicains, aient dû emprunter aux vocabulaires théologique et royal pour nommer l'effet majeur de leur pratique. Ce que vous dites m'évoque tant de rencontres et de dialogues... Et d'abord ceux que j'ai eus moi-même avec un vieux moine incroyablement présent qui m'a écouté « d'une certaine façon » comme vous dites, même s'il ne s'agissait pas d'une écoute psychanalytique mais d'une écoute spirituelle. Le plus décisif pour moi, ce qui m'a le plus fondé, ce qui m'a donné l'appui, ce n'est pas ce que cet homme m'a donné à croire, c'est qu'il m'a cru.

La voix de Simon avait peu à peu pris de la force comme si le sens de ses mots ne résidait pas seulement dans leur signification, mais dans l'autorité avec laquelle ils lui venaient. Brusquement il se tut.

Ruth le regarda jusqu'à ce que l'intensité avec laquelle il avait parlé l'atteigne elle-même et se déploie dans son esprit ; puis, détournant les yeux, elle reprit ses mots lentement :

– Il vous a cru... Là encore, n'est-ce pas, le verbe « croire » n'a pas vraiment de complément ? Dans ce « il m'a cru », celui qui est cru ainsi n'est pas pris passivement dans l'action de l'autre, il est un sujet qui reçoit comme la confirmation de son existence par un autre sujet. Ce verbe « croire » est évidemment décisif et, pour ma part, j'estime – je crois – que le premier appui de l'être parlant est dans ce « croire ». Alors que cela semble si loin aussi bien des catéchismes religieux – où il s'agit de croire en Dieu et non du croire dont nous parlons – que des catéchismes psychanalytiques où la science est invoquée comme savoir pour en finir avec toute croyance.

– Dans la théorie psychanalytique, si je me souviens bien, votre Freud a même fondé son affaire sur le non-croire ; un jour, il n'a plus voulu croire ses patientes, n'est-ce pas, ou n'a plus pu les croire ? Désormais, il savait, il savait même ne pas croire.

– La question n'est pas facile. Où se situe ce « croire sans objet » ? Comment recevoir l'autre sans le confondre avec les masques qui le cachent aujourd'hui ? Comment l'accueillir dans son intégrité, son entièreté sans pour autant marcher dans les défenses, les illusions de devoir, de grandeur ou de destinée dans lesquelles il est pris ? Croire l'autre, certes. Mais justement pas lorsqu'il se présente lui-même en tant qu'objet que nous, savants, nous connaîtrions mieux que lui. Cet individu-objet peut se croire lui-même omnipotent ou au contraire défait de tout pouvoir : dans les deux cas, il n'est toujours qu'une chose prise dans une histoire de...

– ... du Père Noël ou du Père Néant, dit Simon, achevant la phrase.

Ruth se mit à rire et s'étira.

Une nouvelle fois, la cloche sonna au village.

– Ma provision de forces est presque épuisée, dit Ruth. L'horloge de l'église vient de me sauver en nous rappelant que l'heure de votre office approche.

– Vous voilà donc *sauvée* ! nota Simon.

– J'ai employé ce mot à la légère, s'excusa-t-elle

en riant. Reste qu'il y a de puissantes questions derrière des verbes comme « guérir » et « sauver ».

Tout en raccompagnant son visiteur, Ruth poursuivait sa pensée :

– Je me demande si nous n'avons pas, vous et moi, suivi des trajectoires un peu analogues. Nous avons chacun abandonné la médecine lorsque nous avons rencontré un mal plus grave que la maladie et la mort, ou un désir plus essentiel que celui de guérir.

– Voulez-vous dire que nous serions passés l'un et l'autre du verbe « guérir » au verbe « sauver » ?

– Heureusement qu'aucun de mes collègues ne nous écoute ! On se fait excommunier pour moins que ça dans ma profession.

– Excommunier ? Décidément, je me demande comment les disciples de Freud pourraient parler sans la religion.

– Aurions-nous besoin des mots de la religion pour seulement penser ? Curieuse pirouette de l'esprit...

Ils étaient arrivés maintenant à l'escalier :

– Allez, Simon, sauvez-vous.

III

Pour leur troisième rencontre, ils s'installèrent aux places qui était désormais les leurs sur la terrasse.

– Simon, nous nous sommes quittés sur votre question : en abandonnant la médecine, sommes-nous, par des chemins si différents, passés l'un et l'autre de « guérir » à « sauver » ? Ça m'a trotté dans la tête depuis. À vrai dire, je suis embarrassée. Le verbe « sauver » passe encore : nous avons joué avec l'autre jour ; on l'emploie couramment, même si c'est en un sens affadi et restreint. Mais le mot « salut », qu'en faire ? Il paraît à la fois désuet et dangereux. Ç'a été si important durant des siècles chez les chrétiens et ceux qui ont vécu sous leur domination. Faire son salut... Le nom de Jésus lui-même ne vient-il pas du verbe « sauver » ?

– Si. *Yeshoua* : « Dieu sauve » ; Dieu, ou plus exactement en hébreu, comme vous savez, le nom divin en quatre lettres, YHWH sauve, répondit Simon.

– Ne me dites pas trop « comme vous savez », Simon. Nous sommes ici dans une drôle de situation : je suis juive et c'est vous qui lisez l'hébreu. J'en sais un peu tout de même, par exemple que le nom du dieu de la Bible est formé de quatre lettres imprononçables... Mais revenons à Jésus. Ce Yeshoua, Dieu-Sauve, semble avoir causé la perte de beaucoup. Est-ce un dieu perdeur ? Car enfin, s'il y a des dieux, à regarder l'Histoire, il doit bien y avoir aussi des dieux perdeurs dont les pauvres humains sont les jouets.

– Sans doute.

– Certains vont jusqu'à dire que l'extermination des Juifs par les nazis est l'ultime conséquence des évangiles... Je ne sais ce que vous pensez de cette terrible critique, Simon. Pour ma part, j'ai du mal à croire que telle ou telle religion soit en elle-même la matrice du mal et que des textes religieux soient suffisants pour expliquer l'apparition de persécuteurs. De deux personnes qui se réfèrent à l'évangile de Jean, il se peut que le premier soit un inquisiteur cruel et le second François d'Assise. Allez expliquer cela. Ce qui rend les religions mortifères, ce n'est pas tant leur texte que leur mode de transmission, me semble-t-il.

– Vous pensez à l'abus de pouvoir des institutions ?

– Je ne fais que reprendre des évidences, dit Ruth. Dès qu'une autorité s'arroge le droit de fixer un texte pour le délivrer à d'autres sans que ceux-ci puissent l'examiner, l'interpréter, la même parole qui serait pour un sujet libre une vérité vivante devient pour l'homme endoctriné une injonction de tuer ce qui pense en lui. Alors il lui devient possible de tuer l'autre, tuer celui qui dit le non que lui, l'endoctriné, n'a pas le droit de dire. Reste que le principal persécuteur des Juifs...

Ruth, comme à bout de souffle, s'arrêta net. « Le

principal persécuteur des Juifs... » Cette phrase inachevée semblait le seul signe qu'elle consentait à donner de sa douleur. Ils avaient choisi dès le début le dialogue sans confidence, sans comment, sans pourquoi. Il ne l'interrogea pas.

« Le mot "salut" ne doit pas être trop mauvais, se dit Simon. Ruth ne l'aime pas, mais moi j'aime les mots qui lui viennent pour lui répondre. La sainte colère est toujours bonne à entendre. Même contre nous. »

Ruth reprit :

– Je crois qu'il y a une religion universelle avec laquelle on ne compte pas assez : c'est justement celle que combattent tous les penseurs, Freud y compris. Cette religion n'a pas de nom, ou plutôt elle a tous les noms, christianisme, judaïsme ou islam, mais elle consiste aussi bien dans toute conformité absolue à un ordre, une caste, une classe. En fait, elle traverse toutes les religions et même les idéologies athées : c'est celle du dieu obscur qui demande à l'homme le sacrifice de sa pensée, le renoncement à sa conscience.

– À quoi la repérez-vous, cette religion ?

– À ses effets de mort psychique. Il me semble qu'elle se trouve là où le Bien dont elle détiendrait la définition a fait disparaître jusqu'au désir de vérité. Je crains que la raison démocratique, scientifique, ne suffise pas pour la combattre. Pas même pour la signaler. La seule religion qui pourrait m'intéresser serait celle qui donnerait aux humains deux choses que les religions d'habitude leur retirent : la conscience de ce faux dieu et surtout l'autorité pour le mettre dehors.

– Eh bien, figurez-vous, Ruth, que ce qui m'a d'abord intéressé dans la religion juive, c'est qu'elle s'est attaquée précisément à cette religion diabolique dont vous parlez, que la Bible appelle « idolâtrie ». « Quiconque dénie les idoles est un juif », j'ai lu cela quelque part. Cette dénonciation des idoles fait du judaïsme la fondation dans l'Histoire de toute religion non diabolique.

– C'est-à-dire de toute religion symbolique...

– Je vois que cette opposition étymologique ne vous a pas échappée. Quant à la thèse qui fait des évangiles la racine de l'antisémitisme, je ne saurais y répondre par l'Histoire, je n'ai guère été formé à cette discipline. Mais en ce qui concerne les textes, que je connais mieux, il faut à mon sens vraiment ignorer la Bible hébraïque pour accuser les évangélistes – juifs –, et eux seuls, de propos « antisémites ». Un ami exégète m'a montré, textes à l'appui, combien les prophètes d'Israël – Isaïe, Ezéchiel, Amos ou Osée... – pouvaient se montrer plus violents que Jean à l'égard de leur propre peuple. On trouve chez eux des condamnations d'Israël à côté desquelles le reproche d'avoir condamné à mort un jour un innocent – fût-il le Messie méconnu – paraît plutôt pâle.

– Je ne connais pas grand-chose à ces textes, je me souviens quand même d'imprécations contre Sion particulièrement violentes dans la bouche des prophètes en effet.

– On peut défendre toutes sortes de thèses contradictoires au sujet de la culpabilité d'Israël dans le meurtre de Jésus. J'en connais un certain nombre...

Une autre idée qui m'est venue : tous les peuples ont assassiné des innocents qui parlaient avec l'autorité d'un fils de dieu, mais il n'y a qu'en Israël qu'on s'en soit aperçu... Évidemment, cette thèse n'est défendable que si Jésus n'est pas le seul fils unique de Dieu.

– Ah bon ! s'exclama Ruth. Jésus, pour vous, ne serait pas le seul à être « le fils de Dieu » ? Voilà du nouveau !

– Détrompez-vous, répondit le moine, ça n'est pas si nouveau. Il y a même des siècles que cela a été pensé, proposé, écrit. Seulement cette sorte de vérité ne s'établit pas objectivement un jour, une fois pour toutes, comme les vérités scientifiques. À chaque génération, à chaque homme de la découvrir. Là, le Progrès ne marche pas. La conscience, c'est comme la naissance. Nul n'a dispensé un autre de naître par le fait que lui-même était né, n'est-ce pas ?

Simon revint à la question du jour :

– Vous redoutez le mot « salut ». Un salut qui fait mourir, ce ne serait pas la première fois dans l'Histoire, n'est-ce pas, et même encore aujourd'hui. Enfin, j'imagine que nous n'allons pas reparcourir à nous deux les trente-cinq siècles de civilisations qui nous précèdent. Je propose de repartir du plus simple pour voir où les chemins des mots « guérir » et « sauver » se distinguent. Quand est-ce qu'il faut me guérir ? Quand je suis malade, évidemment : je tousse sans arrêt ou je ne digère plus mes repas ; une seule chose à faire, consulter des médecins jusqu'à ce qu'on trouve ce que j'ai. Je savais que j'étais malade, que la maladie disparaîtrait si l'on me soignait bien. C'est simple.

– Oui, pas de problème pour penser cette guérison-là.

– La chose est beaucoup plus énigmatique si je demande : quand est-ce qu'il faut me sauver ? Lorsque je suis perdu, n'est-ce pas. Mais être perdu, c'est quoi ? Est-ce que je sais quand je suis perdu aussi bien que je sais quand je suis malade ? La chose me paraît beaucoup plus floue. Qu'en dites-vous, Ruth ?

– Je repars moi aussi du plus simple. « Sauver » n'est pas un mot qu'emploient les psychanalystes. Pourtant, il arrive qu'en tant que patients eux-mêmes, ils l'aient utilisé et que leurs propres patients l'utilisent. Lorsque par exemple quelqu'un a réussi en analyse à chasser les voix étrangères qui, infiltrées dans sa propre voix, le persécutaient à l'intérieur de lui, il peut très bien employer ce verbe. Et dire à celui avec lequel s'est accomplie cette libération : vous m'avez sauvé... Ou encore : un patient dépressif vient consulter un psychanalyste. L'analyste, à la différence du psychiatre, ne se propose pas et ne lui propose pas de le « guérir » de sa dépression. Ce que le patient perçoit en lui comme une maladie, un mal qu'il veut faire cesser, l'analyste, au contraire, l'invite à le développer. Pour prendre ce chemin dans lequel il a l'impression parfois de devenir fou ou de mourir sans pour autant cesser d'exister, le patient a besoin d'être accompagné par quelqu'un qui ne craigne pas cette traversée et l'assure de sa présence sans prendre sa place. Si, une fois sorti de la dépression, l'ancien déprimé raconte son itinéraire à un ami, il ne dit pas de son psychanalyste : il m'a guéri du désespoir, mais : il m'a *sauvé* du désespoir.

– En effet, j'imagine bien qu'il choisisse ce verbe.

– Ce verbe est pour lui approprié, sans équivalent. Que veut-il dire par là ? Est-ce d'une mort psychique qu'il parle ? Nous le pensons. Diriez-vous, vous, les religieux, qu'il est sauvé d'une mort spirituelle ? Est-ce autre chose encore ? Il faut bien avouer qu'entre maladie et perdition, guérison et salut, guérison psychique et guérison spirituelle..., nous sentons bien des différences, et pourtant nous nageons dans tous ces termes. Je ne cherche pas particulièrement à définir des concepts, je demande seulement si nous pouvons, entre nous, éclairer un peu mieux ces expériences et les mots que nous choisissons pour les dire. Qu'en pensez-vous ?

Simon réfléchit un bon moment, écartant Kierkegaard de son esprit – l'heure n'était pas aux citations.

– Pas facile de se retrouver là-dedans, dit-il. Je reprends votre exemple de la dépression. À vous entendre, même en mettant des guillemets à tous les mots, voilà une maladie dont on ne guérirait pas par une guérison, mais par un salut ; alors qu'une guérison pourrait au contraire nous perdre puisqu'elle ferait taire l'appel à être sauvé que la maladie contenait. Ai-je bien entendu ce que vous me disiez ? Cela donnerait l'idée, et je la crois juste, que certains maux valent mieux que certains biens.

Ruth fut étonnée de l'entendre parler ainsi :

– Ce n'est pas la médecine qui a pu vous apprendre cela, n'est-ce pas, Simon ? Est-ce alors votre formation religieuse qui vous a introduit à ce renversement du bonheur et du malheur ?

– Possible, dit prudemment Simon.

– Je ne sais pas ce qu'il en est dans la pratique spirituelle, mais dans la pratique clinique, on entend bien souvent des personnes découvrir que le pire de leur vie – une maladie grave, un accident, un deuil – les a conduites vers le meilleur. On entend certains dire qu'ils préfèrent l'homme ou la femme qu'ils sont aujourd'hui à celui, celle « d'avant », d'avant le malheur. « Celui que je suis aujourd'hui » : c'est toujours le verbe « être » qui apparaît là. Sans attribut. Avant, y avait-il le verbe « être » ? Ce n'est pas sûr. En tout cas, pas du tout sur le même mode.

– Vous voulez dire que l'accès au verbe « être » relèverait du verbe « sauver », que c'est par un salut qu'on y accède ?

– Possible, admit à son tour Ruth.

Ils rirent.

Ruth s'étira discrètement.

– Cette conversation vous fatigue, n'est-ce pas ? dit Simon.

– Un peu.

– On arrête là ?

Il était prêt à se lever.

– Oh, non ! répondit Ruth esquissant un geste pour le retenir. Si vous avez encore un peu de temps, bien sûr, un simple changement de sujet me suffira. Quelque chose de plus léger que le salut. Léger comme cette brise qui nous arrive..., ajouta-t-elle au bout de quelque temps.

En elle aussi se levait, très loin, comme un autre

souffle, un souvenir dont elle n'aurait gardé qu'une fine trace, celle de l'oubli qui l'enveloppait. Qu'avait-elle donc oublié qui lui revenait avec ce vent léger ? Un air de musique murmurait en elle qu'elle chantonna pour l'entendre.

Simon était trop attentif pour ne pas percevoir ces quelques notes. Il dit doucement :

– Mozart. L'*Agnus Dei* de la *Messe du Couronnement*, n'est-ce pas ?

– Ah bon ? fit Ruth, étonnée. Pour moi, c'est un air des *Noces de Figaro*.

– Attendez... Oui, je crois me souvenir que Mozart a repris le début de l'*Agnus Dei* dans *Les Noces*. Un air de soprano, n'est-ce pas ?

– Oui, c'est le *Dove sono*...

– De quoi s'agit-il déjà ? demanda Simon.

– La Comtesse chante le souvenir du bonheur disparu, du temps où elle était l'unique aimée du Comte, et elle cherche comment changer ce cœur ingrat...

Ruth se tut. Avait-elle jamais connu l'origine religieuse de cet air de femme ? Elle n'aurait su le dire. Cet étonnement l'éveillait de sa lassitude, un étonnement qui lui venait chaque fois qu'elle s'apercevait que son esprit circulait plus largement que sa mémoire dans les souterrains de sa propre culture. La femme et le dieu traités de la même façon par Mozart ? L'occasion était trop belle pour la laisser passer. Elle dit en regardant Simon droit dans les yeux :

– Vous dites que Mozart a pris le même air pour la messe et pour l'opéra-bouffe, pour le Christ et pour l'épouse trompée ? Ça n'a pas dû plaire à tout le monde à l'époque. Et même aujourd'hui, un moine, j'imagine, ne doit pas se réjouir d'un tel détournement.

Elle ne s'attendait pas à l'expression de joie vive qui apparut sur le visage de Simon. Il parla vite, comme on renvoie une balle à quelqu'un qui a cru vous surprendre en vous la lançant :

– Au contraire, Ruth : Mozart a tout compris. Et vous aussi.

– Vous m'étonnez...

– Si vous connaissiez le Cantique des Cantiques, vous ne vous étonneriez pas d'un tel rapprochement. Ces deux airs de Mozart ne sont pas éloignés l'un de l'autre comme vous pouvez le croire. Tous deux parlent de l'amour innocent, délaissé, qui contraint celui qui aime au déguisement ; en animal, l'agneau, pour le personnage divin ; en servante, pour la maîtresse, car la Comtesse va prendre les vêtements de Suzanne, n'est-ce pas ? Se déguiser, se placer au-dessous de l'autre et presque se perdre pour sauver l'autre de son erreur dans l'alliance. Vous vous croyez loin de toute religion, Ruth, mais en passant par la musique, vous réécrivez très sûrement les voies du salut.

– Simon, je ne comprends rien à ce que vous dites et surtout pourquoi vous avez l'air si content, pour vous et même pour moi.

Le sourire de Simon se teinta d'humour :

– Ainsi donc vous ne vouliez plus parler du salut... En effet, pourquoi aurions-nous continué à cogiter et discourir longuement quand il vous a suffi de chantonner cinq notes pour dire ce qui sauve un homme : le féminin et le divin.

– Comment un moine peut-il dire une chose pareille ?

– Je ne suis pas devenu moine pour éviter les femmes, mais pour les rencontrer, elles et tous ceux qui sont autres pour moi, dans une autre alliance.

– Je comprends de moins en moins ce que vous me dites, sinon qu'en trois phrases, vous nous avez perdus durablement – ou au moins donné de quoi parler toute une année. Pour revenir à Mozart, en quoi la Comtesse est-elle assimilable à l'Agneau de Dieu pour le Comte Almaviva ?

– Almaviva... Quel nom ! Je ne l'avais jamais vraiment entendu avant cet instant, dit Simon.

– N'est-ce pas, c'est incroyable, cette « âme vive » ! Je sais que c'est bientôt l'heure que vous partiez, mais je ne vous lâcherai pas que vous n'ayez commencé à me répondre : en quoi la femme est-elle le salut de l'homme ? Votre religion – nos religions devrais-je dire – ne racontent-elles pas tout au contraire que la femme fut dès le commencement sa perte ?

– Vraiment, il nous faudra un jour relire tout ça, répondit Simon. Si on vous a lu ce texte sans que ce soit *vous* qui le lisiez, pour parler comme un psychanalyste, attendez-vous maintenant à lire du nouveau. Il me paraît inévitable, vu le cours de nos conversations, que nous explorions un jour la question du salut et de la soi-disant perte par la femme dans le texte lui-même. Sinon...

– Sinon ? reprit Ruth.

– Sinon, vous ne me croirez jamais.

Ruth eut un mouvement de recul. Le texte ? Elle

voyait bien de quoi il s'agissait ; ne venait-elle pas de l'évoquer elle-même avec cette histoire de perdition de l'homme par la femme. Relire tout ça ? Oh non... Trop de douleur. Trop d'interdiction de penser, de parler, de critiquer. D'être femme, de rire... Voulait-elle vraiment se lancer là-dedans, fût-ce un après-midi ? Elle chercha en elle-même un argument pour un refus poli et, ne le trouvant pas, s'entendit répondre :

– Alors, pour cette lecture, Simon, que penseriez-vous de demander un jour à Noémie et Dan de se joindre à nous ?

– Oui, ce serait bien. Aussi parce que, avec eux, vous aurez moins peur que je vous embarque dans l'interprétation meurtrière du dieu perdeur.

– Eh bien, je suis contente, dit Ruth. Je ne sais pas trop de quoi d'ailleurs, mais je suis contente et plus du tout fatiguée.

– C'est que vous en avez appelé à Mozart et il vous a envoyé l'Agneau de Dieu et la femme pour sauver l'âme vive, dit Simon légèrement.

Ruth sourit. Ils se levèrent tous deux. Une dernière question s'imposa à elle :

– Tout de même, à supposer que j'aie connu la ressemblance des deux airs de Mozart, que vient faire cet Agneau de Dieu, venu de l'inconscient en moi, cet agneau d'un dieu auquel je ne crois pas ?

– Est-il nécessaire que vous y croyiez pour vous en servir ?

– Que voulez-vous dire ?

– Comment vous répondre en trois minutes ? Je

prends un exemple. Après la condamnation de Dreyfus, son frère Mathieu lui écrit. Autant que je me souvienne, il lui propose un contrat. Il lui demande de ne pas se tuer, tandis que de leur côté, eux, Mathieu et Lucie, le frère et la femme, vont tout tenter pour faire éclater la vérité. Or, dans cette lettre, Mathieu Dreyfus emploie le mot « calvaire » ; « ton calvaire », écrit-il à son frère. L'histoire de ce Jésus auquel il n'a aucune raison de croire, au sens banal du terme, lui sert d'un mot à situer Alfred Dreyfus auprès du plus célèbre innocent condamné réhabilité de l'Histoire. Ce simple mot est un point d'appui pour les Dreyfus. Un appui pris aux fondations de la culture dans laquelle pourtant ce jugement inique a été rendu.

– Je suis sensible à cet exemple, dit Ruth.

– Les religions sont-elles faites pour qu'on les serve, reprit Simon, ou pour qu'elles nous servent ? À moi qui ne suis pas juif, Moïse me sert. Tous les matins, il m'appelle hors servitude et idolâtrie devant le dieu unique. Le roi David me fournit cent cinquante chants pour entendre tous les états possibles de mon âme et celles de mes frères, en présence du même témoin. Je ne dis pas cela pour abolir les différences entre religions mais parce qu'il en va ainsi : la vérité, qui est divine, sert les humains sous tous les noms qu'elle porte sans leur demander de lui appartenir.

– C'est peut-être cela, ma religion. Vous me révélez que je fréquente, sans lui appartenir comme vous dites, une drôle d'Église dans laquelle se trouvent Mozart avec l'Agneau de Dieu et la femme délaissée, David, sa royauté, ses fautes et ses chants, Moïse, les

Dreyfus avec Jésus, et plus près de moi Simon, Noémie et d'autres, dit Ruth comme si elle venait de conclure une affaire restée en suspens jusqu'à ce jour.

Elle aurait dû s'arrêter de parler, le laisser partir, mais elle ne pouvait s'y résoudre tant ce qu'il venait de dire lui tenait à cœur.

– Vous savez, Simon, reprit-elle, cette idée que les religions seraient au service de l'âme humaine me touche beaucoup. Je ne sais trop comment. Pourtant, vous et les autres croyants, vous servez bien un dieu, vous appartenez bien à une Église ? Comment s'y retrouver ? Est-ce que moi-même je me sers des religions sans le savoir, si je n'en sers aucune ?

– Voilà un beau programme pour une prochaine rencontre. Faire l'inventaire de toutes les occasions où une religion peut vous servir, vous, Ruth, qui croyez ne pas croire.

– Cette fois, vous allez être en retard à l'office.

– Croyez-vous ? dit Simon. Il me semble plutôt qu'avant qu'il ne sonne, nous avons commencé à le chanter.

Simon parti, Ruth revint en pensée sur la proposition qu'il lui avait faite de rouvrir ensemble la Bible. Elle sentit revenir en elle un vieux réflexe, un vieux refus. Que pouvait-elle attendre d'une telle relecture et, qui plus est, avec un moine ?

À moins que... à moins que la différence d'origine ne leur permette de retirer le texte des mains d'un gendarme appelé Dieu, celui qu'on avait voulu installer jadis dans sa tête et qu'elle avait eu tant de mal à mettre dehors ? Retirer le texte aussi du ventre d'un monstre qui l'avait avalé et qui pouvait s'appeler Église ?

L'hypothèse d'une telle libération des Écritures relevait pour elle du conte de fées théologique. Pas pour Simon, apparemment. Comment les mêmes pages pouvaient-elles êtres si différentes pour lui ? Sur quoi s'appuyait-il pour affirmer qu'en assimilant la femme et le dieu, Mozart avait « tout compris » ?

Et le salut serait par là ? Ce qu'elle, Ruth, ne voudrait pas croire sans le lire elle-même, avait dit Simon. Là-dessus, aucun doute : tant qu'elle ne verrait pas de ses yeux ce que Simon lui annonçait, elle ne croirait pas que le Livre puisse contenir autre chose que de la parole morte, quand elle ne faisait pas mourir.

IV

– Bonjour, Simon.

– Bonjour, Ruth.

– C'est bien confortable pour moi que ce soit vous qui veniez, dit Ruth.

– Je serai heureux de vous accueillir au monastère le jour où vous vous sentirez la force d'aller jusque-là, répondit Simon.

– C'est vrai que je ne suis pas encore très vaillante pour monter et descendre les chemins. Mais je me demande si...

Ruth laissa filer le silence sans achever sa phrase.

– Vous vous demandez si votre état physique est bien le seul obstacle à votre venue au monastère.

– Oui... Il y a tant de raisons pour une juive de ne pas mettre les pieds dans un lieu consacré du christianisme. Je n'ai guère envie d'aborder cette question pour le moment. Parlons d'autre chose, voulez-vous ?

– Alors, je parlerai d'une impression que j'ai eue en vous voyant à l'instant. Celle que vous allez mieux.

La phrase l'étonna. Sauf peut-être lors de leur première rencontre, jamais Simon n'avait prononcé la moindre formule polie, la moindre banalité courtoise.

Elle avait même supposé, sans se le dire, qu'un moine ne devait pas parler à une femme de son corps. Aussi reçut-elle cette marque d'intérêt pour son apparence et son état de santé comme le signe d'une attention jusque-là silencieuse qui la toucha. Elle lui sourit.

– Si je n'allais pas mieux, ce serait à désespérer de moi, dit-elle. Je suis loin de tout souci, ceux que je me fais, ceux que je donne à mes proches. Dans cette nature sublime, dans cette maison de l'amitié, à vrai dire tout m'enchante. Noémie et Dan m'enchantent. Et puis il y a nos rencontres. Ici, la parole est partout chez elle. Il ne me vient qu'un mot pour dire tout ça et il m'ennuie bien parce que je ne sais pas ce qu'il signifie : c'est le mot « grâce ». Un mot de chez vous. Pas de grâce chez les psys !

Ruth poursuivit plus lentement :

– Savez-vous pourtant à quoi je reconnais cette « grâce » dont j'ignore le sens ?

– Pas la moindre idée, dit Simon.

– À ce que personne ici ne dit jamais à l'autre : tu exagères. Ce verbe n'a tout simplement pas cours dans cette maison. Alors que, du moins pour les plus désirants d'entre nous, on nous en a mille fois fait le reproche depuis que nous sommes venus au monde, n'est-ce pas ? Les analystes et leurs patients peuvent en témoigner. Ici, au contraire, personne n'arrête personne avec ce verbe, si loin qu'on aille dans la parole. Tandis que je soupçonne Freud et ses disciples – mais tout autant les religieux – d'avoir cru de leur devoir de ramener l'humanité à la raison – la raison de la science, aussi bien que la raison de la foi. Les uns et les autres semblent s'être fait un même devoir de dire aux humains qu'ils exagéraient – autant leurs souffrances que leur...

Ruth s'arrêta : un mot lui faisait défaut.

– ... leur gloire ?

– Oui, c'est cela. Je ne sais pas non plus ce que cela signifie, mais j'accepte ce mot : leur gloire. Ces savants et ces théologiens n'ont-ils pas tous dit à l'homme, chacun selon sa discipline et son langage : tu n'es qu'un animal intelligent, tu n'as pas de raison d'attendre de la vie autre chose que la condition mortelle et les satisfactions de l'animal et de l'intelligence ; ou bien, tu n'es qu'une créature et un pécheur, tu n'as pas la valeur que tu crois avoir et donc pas de raison de te sentir tellement blessé ou offensé par autrui ou par la vie. Le désir humain d'être *bien traité*, c'est-à-dire, au fond, traité comme un dieu, serait, d'après eux tous, abusif ; et exagérée la souffrance que provoque chez l'homme le fait de ne l'être pas. Quand je dis « être traité comme un dieu », je ne parle pas des exigences illimitées du fameux « moi infantile » qui voudrait tout, comme on le dit souvent. Je parle d'un désir premier de l'humain d'être accueilli et reconnu ; ce qui peut s'appeler encore le désir d'être aimé. Bien que la science ait cru s'opposer à la religion et la combattre, elle a voulu elle aussi – et même peut-être plus radicalement que la religion – éradiquer en l'homme un désir infini, le désir d'être. Devant et avec autrui.

Simon écoutait en plissant parfois les yeux comme s'il voulait voir ce qu'elle voyait, reformer en lui les pensées préparées en elle et qui dans son propre esprit n'avaient pas encore de place. Ces pensées qu'elle lui proposait, il lui fallait d'abord les traduire dans sa langue :

– Si je vous entends bien, Ruth, il ne s'agit pas, dans ce dont vous me parlez, d'une licence, d'un droit à outrepasser les limites nécessaires à la civilisation de l'homme. Il s'agit du désir de passer plus loin que la condition humaine. Un dépassement que notre culture, sciences et religions cette fois confondues, n'autoriserait guère. « Exagérer » au sens où on vous l'a reproché, c'est oser désirer au-delà de cette condition, souvent humiliante, injuste, écrasante ; oser désirer d'être traité autrement qu'un animal, autrement qu'une créature et qu'un pécheur, avez-vous dit. C'est cela ?

Ruth acquiesça. Simon reprit :

– Je ne sais pas si les psychanalystes sont tous scientifiquement sourds à la peine profonde de l'âme humaine, mais je sais assez que, chez les religieux et les pasteurs, il est plus fréquent, par exemple, de reprocher aux hommes les souffrances qu'ils provoquent que de reconnaître avec eux celles qu'ils éprouvent. L'Éternel, quant à lui, est rarement convoqué à répondre de la difficile situation où il nous a mis sur cette planète. Quant au désir de gloire que vous avez évoqué, il est très généralement confondu avec l'orgueil. Autant dire qu'il ne fait pas partie des droits divins de l'homme.

– Pourtant, si je me souviens bien, les psaumes que vous chantez nuit et jour dans les monastères ne contiennent pas seulement des louanges, n'est-ce pas ?

– Certes non, il y a aussi des plaintes de toutes sortes et de très vives protestations portées devant Dieu de ce que les conditions de la vie ici-bas soient si dures, et les relations entre les humains si violentes. On y trouve également le désir autorisé d'« être plus »... jusqu'à prêter à Dieu ce « Vous êtes des dieux, des fils du Très-Haut ». Nous, les humains, des dieux ? Mais qui prend au sérieux cette parole ? Et même, combien de personnes savent que ces mots figurent dans la Bible ? D'ailleurs, dans ce psaume 82, il est expressément prévu que les hommes n'y croiront pas. À mon avis, le psalmiste – qu'il s'agisse du roi David ou d'un autre – était en tout cas spirituellement royal, car il ne s'interdit aucune exagération. Les désirs les plus démesurés, les plus inavouables des sentiments et les projets les plus condamnables – vengeance, meurtre –, il a tout osé dire. Et tellement fort que dans les monastères de nos sociétés policées, on n'ose parfois plus chanter certains versets.

– Ainsi donc, pendant des siècles, des religieux se sont servis de la Bible pour censurer la pensée, et maintenant c'est la Bible elle-même qui n'est plus religieusement correcte ? dit Ruth d'un ton légèrement narquois.

– Attendez, Ruth. Certains passages sont particulièrement sanguinaires. Le psaume 137, par exemple. Il commence dans la nostalgie et la musique : « Assis au bord des fleuves de Babylone, nous restions à pleurer en évoquant Sion, nous avions suspendu nos cithares aux saules d'alentour... » Et il finit ainsi : « Et toi, Babylone, toi qui sèmes la ruine, heureux qui te rendra ce que tu nous as fait ! Heureux qui saisira tes nourrissons pour les écraser sur le roc ! » Ces mots ne sont peut-être audibles aujourd'hui que par l'analyste.

– En effet, ils ne sont pas plus abominables que les images de nos nuits. Nos rêves parlent comme ça, avec cette crudité, cette cruauté. Et nous, les psys, pensons qu'il vaut mieux que ces mots, ces images apparaissent. Au-delà de leur expression, le désir peut changer. Pas avant.

– Alors, reprit Simon, le roi David pourrait bien être un maître en royale exagération.

– Encore faudrait-il que ses chants soient chantés non par des gens pieux et soumis, mais par des apprentis rois. Encore faudrait-il que ces chants du roi permettent à ceux qui les chantent d'accéder non seulement à sa royauté mais à la *leur*.

La voix de Ruth se teintait de colère.

– Je vois que vous connaissez le problème, remarqua-t-il.

Négligeant cette approbation, elle poursuivit :

– Mais vous, Simon, où avez-vous trouvé le droit d'exagérer ?

Il ferma les yeux intensément, comme un homme qui entre dans la demeure invisible où son propre esprit le cherche. Puis un sourire presque malicieux apparut sur son visage. Rouvrant les yeux, il dit :

– À mon tour, cette fois, de chantonner pour vous répondre. Comme vous en avez appelé à Mozart l'autre jour, voici la musique qui m'arrive : elle n'a pas été écrite par un musicien, mais c'est tout de même pour moi de la musique : « Je ne suis pas prisonnier de ma raison. J'ai dit : Dieu. » Vous connaissez, je pense ?

– Oui, Rimbaud, n'est-ce pas ? Un de mes musiciens, enfin « poésiciens », préférés depuis que j'ai des oreilles qui entendent.

– Moi, je n'ai rencontré ce texte que lorsque j'ai été prêt à m'en emparer, ce qui m'a pris sans doute beaucoup plus de temps qu'à vous... Cette phrase a été pour moi un immense éclat de rire au nez de toute puissance qui croit savoir la vie, la détenir par le savoir. Cette parole, « J'ai dit : Dieu » que rien, pas même la raison, ne peut faire taire, a été la première force de ce genre que j'ai rencontrée, une force avec laquelle on fracture les murs de sa prison. Or ces mots de Rimbaud, je les ai retrouvés dans le psaume 82 dont je viens de parler, presque les mêmes mais en même temps tout autres, prêtés cette fois à Dieu lui-même. Ces deux paroles se correspondent étrangement : l'homme-poète dit : « J'ai dit : Dieu » pour échapper à la prison de sa propre raison. À qui en appelle-t-il ? Ne serait-ce pas au dieu qui de son côté a dit aux hommes : « J'ai dit : vous êtes des dieux » ?...

Ruth ne put s'empêcher de l'interrompre :

– Oui, c'est cela que je ressens ici dans cette maison : pour vous, Dieu n'est pas le nom de celui qu'on appelle Dieu d'habitude. C'est plutôt comme un lieu où la parole prend appui, où la vie dit « Dieu » comme elle dit « Je » ou « Tu ». Un lieu où « Je » n'est pas prisonnier, pas même de la parole. Le plus étonnant pour moi, c'est peut-être ceci : le désir d'accéder sans se prosterner ni même courber la tête à ce lieu n'est pas considéré comme exagéré.

– Oui, acquiesça Simon. Un jour, j'ai compris quelque chose que je peux dire aussi avec vos mots : « Dieu » est le mot le plus exagéré dans toutes les langues. C'est pour cela que je l'aime tant.

– Mais ça change tout. Dit comme ça, ce n'est pas la même histoire. Nous sommes bien loin du grand flic du ciel, enfin de tous les sinistres montages des religions, ou peut-être devrais-je dire maintenant des sous-religions.

Son esprit s'ouvrait brusquement, non pas tant à des pensées inconnues qu'à des dimensions neuves, comme si, se trouvant chez elle, les murs de sa maison s'étaient soudainement écartés.

Elle ne put rester assise une seconde de plus et, se levant vivement comme pour une danse, elle se retrouva contre la balustrade du balcon, devant la vallée, la montagne, le ciel. Elle demeura là un moment à respirer, puis, se retournant vers Simon :

– Si nous allions faire quelques pas ? proposa-t-elle. Il y a un banc plus loin sur le chemin vers le village.

C'était la première fois qu'ils marchaient ensemble. Un silence nouveau apparut.

Simon pensait à ce qui venait de se passer : Ruth avait éprouvé le brusque désir de se lever, d'aller. Il se souvenait aisément de semblables moments pour lui-même où des paroles – parfois celles d'un livre – le touchaient si profondément qu'elles le soulevaient de son siège, le mettaient en mouvement. L'espace se trouvait brusquement modifié par une parole, espace invisible dont il devait éprouver les nouveaux contours en parcourant l'espace physique. Si dans un tel moment il n'avait pu bouger, sortir, il aurait eu l'impression d'étouffer.

Le mot « âme » en hébreu lui revint en mémoire : *nefesh*. Il se souvenait de son étonnement, de son rire lorsque, cherchant la racine du mot, il avait trouvé le verbe *nafash*, « être au large », « souffler », « se reposer ». Peut-être que la première fois qu'un Hébreu avait ressenti cet espace intérieur agrandi, cet « être-au-large » dans le souffle, il avait dit : *nefesh*. Âme.

« Ruth vient d'arriver là, se dit Simon, une parole s'est formée qui a lieu entre nous et qui lui parvient d'abord à travers un mot, "grâce", qu'elle ne saisit pas, croit-elle. Mais ce mot peut-il se saisir ? Je ne crois pas. Il se respire, il est souffle, esprit qui nous saisit. Lorsque cet esprit visite l'âme, il l'éveille. Et le corps en est informé exactement dans le même temps. Est-ce du même type d'expérience que le "Lève-toi et marche" ? Je ne sais pas.

Ici, aujourd'hui, personne n'a rien commandé. D'ailleurs, dans ce genre d'histoire, on ne se lève pas parce que quelqu'un en donne l'ordre mais parce qu'il y a tout à coup de la terre *solide* entre soi et l'autre sur laquelle prendre appui ; et de l'espace pour respirer au large à partir d'un point d'appui sûr. Quel est ce solide entre nous que l'hébreu dit avec les mots *amen, aman*, je peux m'appuyer, il y a du sol ferme où déployer mon corps ? De quel corps s'agit-il en cet instant ? “Ceci est mon corps”, un corps brisé en tant que chose et posé dans la parole vers l’autre, comme donné à l’autre. Il n’a pas été dit : que ceci devienne mon corps. Mais “ceci est...”. Ça veut dire quoi, tout ça ? Me revoilà devant cette question : quel est le corps de l’âme ?

Je suis comme Ruth finalement, reconnut Simon poursuivant ses pensées, je n’y comprends rien. En tout cas, contrairement à ce que je pouvais croire avant de l’éprouver, la parole qui éveille ne commande pas, ne demande pas de l’accomplir : elle apporte avec elle la force de son propre accomplissement. » Lui revint alors une parole, donnée par une amie qui l’avait lue chez un poète dont elle avait oublié le nom : « Dieu ne demande pas l’impossible, il le donne. »

Le sentier de montagne qu’ils avaient emprunté était entouré de champs commençant à fleurir. « L’image même du printemps, se disait Ruth. Dans quel printemps est-ce que j’arrive ? Les mêmes mots qu’on employait pour la morale, qui nous surplombaient, nous observaient comme d’un mirador, deviennent, lorsqu’ils revivent entre des êtres qui se parlent vraiment, un jardin où l’on circule. Printemps de parole ? Pas facile, ce printemps. Si je cherche à comprendre, je vais sans doute perdre ce pays lumineux. Mais si je ne cherche pas à comprendre, je vais sûrement devenir une illuminée. Par où passe-t-on dans cette nouvelle joie ? »

Elle se souvint tout à coup de la première visite de Simon, de leur première conversation. Lorsqu’il l’avait quittée, elle s’était allongée sur la chaise longue, épuisée. Alors lui était venu un sentiment de joie, une joie qu'elle avait attribuée au soulagement d'être à nouveau seule après un dialogue tendu, et qui lui avait fait fermer les yeux. Or, c'était le début de la joie d'aujourd'hui, l'inconnue dont elle reconnaissait le goût maintenant, le parfum, le chant.

Simon rompit leur silence pensif.

– Puis-je vous demander quel chemin ont pris vos pensées ?

– Je ne sais pas trop où je suis moi-même. Ce qui m'arrive m'est assez inconnu...

– Mozart peut-il vous venir en aide une fois encore ? demanda Simon.

Ruth attendit quelques instants pour répondre :

– Apparemment pas.

Après un nouveau silence, elle précisa :

– Il semble que l'orchestre qu'entretient en toutes saisons mon inconscient ait décidé de brouiller les pistes. Aujourd'hui, il joue pour le plaisir ; pas de message. En fait, j'ai bien un air en tête, mais je crains qu'il ne vous déçoive : il n'a rien à voir avec le féminin ni avec le divin. C'est un chœur du *Prince Igor* de Borodine, je ne me souviens même plus de l'histoire. Mes musiciens intérieurs font grève. Désolée.

– Est-il possible que vous ne les croyiez plus capables de vous parler ? objecta Simon. Laissez-moi prendre le relais, et y croire à votre place. Comment est-il, cet air ?

Elle le lui chantonna. Simon reconnut le thème, mais hormis le nom du compositeur, il ne trouva rien.

– Pas d'écho de mon côté. Désolé aussi.

– Oh ! fit-elle soudain, sidérée.

– Qu'y a-t-il ?

– Je ne m'attendais pas à ça : une association de midinette, je vous préviens. Cet air vient bien de l'opéra de Borodine, seulement ce que j'entends appartient à une version transformée en opérette américaine qui m'avait pourtant paru du plus mauvais goût lorsqu'elle était sortie. Je dois le reconnaître, mes goûts inconscients sont beaucoup moins bourgeois que les autres, dit-elle en plaisantant, espérant en rester là.

Simon, pour qui la musique était l'un des chemins les plus droits entre l'homme et son prochain, voulait au contraire l'inciter à poursuivre.

– Une opérette ? Alors il y a sans doute des paroles.

– Oui, reconnut Ruth avec une réticence amusée. Bon, je vous aurai prévenu. C'est chanté par un homme et ça commence ainsi : « *Take my hand, I'm a stranger in paradise...* »

– C'est cela que vous appelez une musique qui n'évoque ni le féminin ni le divin ?

– Je me rends. L'esprit est plus fort que moi.

« Où allons-nous ? se dit Ruth, en continuant à marcher. Le marivaudage, je connais ; lui aussi certainement. Qu'il soit culturel ou spirituel ne change rien à ses stratégies ni à ses buts. Le jeu est plaisant, d'ailleurs... mais pas cette fois. Pas nous. Nos vies sont embarquées sur d'autres navires ; ce n'est pas pour ce voyage-là que nous nous donnons rendez-vous. Seulement, y a-t-il autre chose à vivre ensemble ? D'abord renvoyer dos à dos, même si elles ont leur raison d'être, l'érotique scientifique du docteur Freud et la lecture angélique des bons pères. N'y a-t-il pas un autre Éros, une autre vie à cet être-ensemble parlant, à la fois incarné et... chaste ? Décidément, il ne me vient que des mots qui n'ont plus cours dans la culture : "grâce", "gloire" comme me l'a soufflé Simon, et maintenant "chaste"... Ces mots reprennent-ils sens et vie entre lui et moi parce que nous ouvrons ensemble une ère de relation neuve dans laquelle ces mots ont sens et vie ? Ou bien vais-je être engloutie, moi qui ne crois pas, par les paroles douceâtres et mortifères de la religion ? Ou encore le ridicule de nos dialogues va-t-il brusquement m'apparaître ? »

« *Take my hand, I'm a stranger in paradise...* » Simon retournait cette phrase, la mâchonnait. Il se demandait maintenant de quelle *autre* manière il pouvait, là où il en était avec Ruth, prendre la main qu'invisiblement elle lui tendait.

Simon entendit soudain ce que Ruth avait indiqué quelques instants auparavant : « *Take my hand...* est chanté par un homme. » La chose le fit rire intérieurement.

« Je crois peut-être lui enseigner le paradis, se dit-il. Elle aussi d'ailleurs croit que c'est moi qui connais le chemin, puisqu'elle ne sait plus où elle se trouve. Mais nos esprits en savent plus long que nos consciences, comme elle le dirait peut-être. Ce que son esprit à elle entend, c'est qu'un homme demande à une femme de le guider par la main, qu'il est étranger au paradis. Moi qui crois savoir quelque chose sur le paradis, je n'y rentre que si celle qui n'en sait rien m'y conduit. Parlez donc avec une femme incroyante et vous vous retrouvez au sommet de la vie mystique. Un jour peut-être, je pourrai lui dire tout ça. »

– Nous voilà comme des collégiens, dit Ruth, avec un sourire ironique et tendre. C'est moins facile qu'avec Mozart, vous ne trouvez pas ?

Il acquiesça.

Comme le chemin se rétrécissait, Simon s'effaça devant elle. Il choisit ce moment où ils ne pouvaient se regarder pour lui dire :

– Dans un autre temps de nos vies, la route aurait été facile à deviner et comme tracée d'avance. Aujourd'hui, là où nous nous rencontrons, il va nous falloir inventer autre chose...

– C'est tout à fait ce que je me disais, dit-elle et, se retournant un bref instant vers lui, elle lui adressa un sourire lumineux.

Arrivés au banc, ils contemplèrent le paysage devant eux : aucune parole ne semblait convenir. Puis Ruth revint à leur conversation.

– J'aimerais comprendre, au moins un peu, ce que nous avons dit de si fort tout à l'heure sur la terrasse avant de marcher.

– Voyons, qu'avons-nous dit ? Pour résumer en une phrase, nous avons dit au désir qu'il avait raison, répondit Simon.

– Oui, l'infini désir d'être a raison plus que la raison, voilà ce que nous avons décrété. Déraisonnable mais pas fou, ce désir, ajouta-t-elle plus vivement, puisque nous pouvons en convenir à plusieurs, David, Mozart, Rimbaud...

– Dieu, en tout cas « un dieu », dit Simon, doit être garant de ce désir divin, ce désir hors raison de Rimbaud. Car sa phrase à lui, Rimbaud, comme je vous le disais tout à l'heure, je l'ai retrouvée, étrangement, dans le psaume 82, posée autrement et prêtée cette fois à Dieu lui-même. L'homme-poète dit : « Je ne suis pas prisonnier de ma raison. J'ai dit : Dieu », pour échapper à l'enfer de sa propre raison et de sa solitude. Le dieu de David, lui, Elohim, accueille les hommes en leur disant : « J'ai dit : Vous êtes des dieux [des elohim], des fils du Très-Haut, vous tous. »

– Cette étonnante parole du psaume que vous commentez ne paraît pas avoir dans nos cultures la place qu'elle mérite. Qu'en pensez-vous ?

– En effet, on ne l'enseigne pas au catéchisme. Mais enseigne-t-on davantage celle de Rimbaud dans une classe de littérature ?

– Sans doute pas... Dans ma vie à moi, les choses se sont présentées tout autrement. La première libération s'est plutôt faite dans le sens opposé. La phrase pour ouvrir ma prison aurait pu être celle-ci : « Je ne suis pas prisonnière de Dieu, J'ai dit : Raison. » Voilà pourquoi je me suis si bien trouvée de rencontrer Freud sur ma route. D'autant qu'il est un cas à part dans l'histoire des Lumières. Même s'il souhaitait contribuer à établir la « dictature de la raison », il n'a pas choisi, à mon avis, le bon moyen pour y parvenir en s'intéressant à tout ce qui précisément lui échappe : les symptômes et les angoisses, les lapsus et les rêves... Bien sûr, ce chaos, il veut apparemment l'ordonner, le soumettre à la raison. Mais une prison qui comporte autant de greniers et de caves que la psychanalyse a peu de chances de garder longtemps ses prisonniers.

– Sauf s'ils ignorent qu'ils le sont, répliqua Simon. Ou encore qu'ils se constituent prisonniers sur l'honneur. J'ai entendu parler du coup que Freud voulait faire à Jung : promettez-moi que vous n'abandonnerez jamais la théorie sexuelle des névroses... ou quelque chose d'approchant.

– Justement, ça n'a pas marché. Si Freud a voulu enfermer les hommes dans la raison, Jung est de tous ses disciples celui qu'il a gardé le moins longtemps prisonnier. Pour ma part, je ne suis ni enfermée ni mariée avec la psychanalyse. C'est seulement ce que j'ai trouvé de mieux comme pratique ; quant à la théorie, elle me paraît révisable comme n'importe quelle autre. On ne fait pas une dictature avec ça.

– Pas une dictature politique, mais une dictature spirituelle ?

– Oh, pitié, Simon, encore un sujet de discussion. Il y en a trop. Plus tard, si vous voulez bien. Je reviens à ce que je voulais dire.

– Oui, ne vous laissez pas détourner.

Elle reprit :

– Aujourd'hui, voilà que ma vie fragile d'une part et mes amis d'autre part me convient, non pas à quitter cette fragilité, mais à l'explorer comme réouverture de mes questions d'enfant. Vous m'invitez, Noémie et vous, Simon, à retourner librement vers une maison où jadis on m'a emprisonnée. J'ai plutôt peur mais cela m'intéresse parce que je vois que vous, vous pouvez y entrer et en sortir à peu près comme vous voulez. Maintenant, je vais dire n'importe quoi – d'ailleurs, je ne vois pas d'autre moyen pour trouver ce qui importe que de dire n'importe quoi. Ce désir qui a raison hors raison, ce désir d'être divin et d'être traité en tant que tel ne demande pas une « satisfaction », n'est-ce pas ? Il ne demande qu'à être reconnu, vécu avec d'autres. Comment peut-il l'être autrement que par la parole, au sens le plus large ? (Pauvre Rimbaud, je ne suis pas certaine qu'il ait trouvé avec qui le partager.) Or, ce désir étrange qui ne demande pas à être satisfait libère lui-même une énergie à la fois psychique et physique que je n'avais pas vraiment repérée jusqu'à maintenant.

– Le propre du spirituel est mystérieux : une énergie à la fois reçue de l'extérieur et de l'intime, de l'autre et de soi ; à la fois de l'âme et du corps, la séparation entre eux n'ayant pas cours dans l'esprit. Je vous dis cela sans trop savoir ce que je dis moi non plus. En ce qui concerne Rimbaud, en revanche, je crois, au contraire de vous, qu'il est arrivé précisément là où il voulait.

Puis, avec une expression d'enfant qui ne renonce pas :

– Je reviens à mon cher psaume 82 : le dieu qui dit aux humains : « J'ai dit : Vous êtes des dieux », le dit-il à tous les hommes ou seulement à une nation, fût-elle sainte et mise à part ? Il me semble qu'il le dit à tous, puisqu'il est appelé Elohim dans ce psaume et non du nom propre que seul Israël lui donne. Elohim, reconnaissant dans les humains des elohim, « fils du

Très-Haut vous tous ». Il nous sauve donc tous de la mort puisque « dieux » s'oppose à « mortels ».

– Mais, Simon, de quel dieu me parlez-vous ? Un nouveau ?

– Est-ce un nouveau dieu ? Pour ma part, je dirais oui et qu'il ne peut être que nouveau, autre, pour chacun de nous, car, comme le dit aussi le psaume, il dépend des hommes de croire – à chaque génération – à un dieu dont ils sont les nouveaux fils ou bien de mourir de mort. Que « nous » soit toujours nouveau, nous en faisons l'expérience même ici, n'est-ce pas : je ne sais pas ce que vous allez me signifier, que ce soit par une parole, un acte, un signe, un silence... Vous non plus ne savez pas à l'avance ce que je vais vous dire. Et donc, à chaque pas de Je et de Tu, Nous est un autre.

– Rimbaud avait donc tout compris.

– À ceci près que lorsqu'il écrit « Je est un autre », il ne parle qu'au singulier. Et la vérité au singulier, c'est à la fois la vérité et l'enfer.

– Ce que vous dites là m'évoque tant de choses de la clinique, dit Ruth. La psychanalyse qui croit à l'amour de la vérité suffit-elle à déjouer ce piège de la vérité au singulier alors qu'elle croit en même temps tellement à la raison individuelle ? Votre psaume peut-il sauver les Rimbaud de la vérité infernale où ils se trouvent isolés ?

– Je le crois parce que j'ai trouvé avec qui le croire. Rimbaud aussi, avant de mourir. Lui aussi, il a chanté son « *Take my hand, I'm a stranger in paradise* ». Je ne me l'étais jamais dit comme ça, mais en fait l'analogie est impressionnante. Je vous apporterai cette lettre une autre fois.

– Dites-m'en un tout petit peu déjà. À qui a-t-il chanté cela ?

– À sa sœur. Du moins, elle le raconte ainsi. Et je l'entends de cette façon : c'est en passant par la foi de sa sœur qu'il rejoint la maison du Père pour mourir dans ses bras. Sa vie semble un voyage qui part du « Je ne suis pas prisonnier de ma raison. J'ai dit : Dieu », s'embarque sur « Je est un autre », et arrive, à travers « Je est un frère » jusqu'à « Je est un fils ».

Ruth reçut ces mots, qui lui auraient paru probablement insupportables il y a peu de temps encore, comme une musique, sans songer même à lui répondre. Comme elle se taisait, Simon l'interrogea :

– Est-ce que ceci est très loin de vous ?

– Je ne saisis peut-être pas toutes les paroles que vous me dites, mais après tout, je ne suis pas certaine d'avoir envie de les comprendre : j'ai mieux à en faire. Parlez-moi encore. Avez-vous un autre exemple dans les textes bibliques que votre fameux psaume si peu connu dans la culture ? Le Nouveau Testament, par exemple, conduit-il au même « Je est un fils » ? La formule me séduirait peut-être, même si l'idée d'un dieu-père continue de me laisser perplexe. Mais dans les évangiles, le Christ n'occupe-t-il pas toute la place au ciel et sur la terre ? Son « Je » n'a-t-il pas confisqué toute la qualité de fils divin aux dépens de tout autre « Je » qui ne serait jamais, après lui, qu'un fils adoptif, un fils de seconde zone qui n'aurait droit à un rang dans l'Église qu'en disant à la fin du *Credo* : « *Heil Jesus* » !

Simon reçut ces derniers mots comme une gifle. Ruth le vit sur son visage et dit :

– Pardonnez-moi, les mots sont passés devant moi.

Simon eut un petit sourire triste : recevant les excuses après le coup, il savait que les deux étaient sincères. Que dire ? Rien, rien pour le moment.

Il regarda sa montre et sourit.

– À mon tour d'être sauvé par le gong. Si le « Je » du Christ a confisqué toute la qualité de fils... Quelle question vous me posez ! Heureusement, il est l'heure que je rentre. Comment se fait-il, Ruth, que vous tombiez toujours sur le plus essentiel et aussi le plus dangereux dans des textes que vous dites ignorer ?

V

Il pleuvait ce jour-là. Ils s'installèrent auprès du feu dont Ruth s'occupa un moment tandis que Simon parcourait des yeux les livres sur l'étagère à côté de lui.

Revenant vers son fauteuil et avant même de s'asseoir, elle demanda :

– Vous savez à quoi je pense, Simon ?

– C'est précisément ce que je ne sais jamais, lui répondit-il en riant. Voilà pourquoi je viens.

– Quelle étourdie je suis dans ces montagnes ! Je déteste, évidemment, qu'on croie savoir ce que je vais dire. Je ne sais pas moi-même ce que l'autre va me dire, nous en avons déjà discuté. De plus, ce non-savoir est ma profession. Nous ne sommes pas ici dans un cabinet, mais nos rendez-vous mettent en œuvre le même désir : nous parler sans rien savoir d'avance puisque « tout ce qui est su est perdu pour le désir », comme l'a écrit une éminente collègue. Pourquoi vous ai-je demandé si vous saviez ce que je pense, je me le demande...

– Sans doute aviez-vous quelque chose de bien particulier à l'esprit pour que cette formule que vous n'aimez pas vous soit venue.

Ruth, pensive, détourna les yeux :

– En fait, j'avais commencé cette conversation avant votre arrivée. Ce matin, je pensais à notre rendez-vous et il y avait curieusement une phrase entre nous, une phrase d'un philosophe que je n'ai jamais aimé, Heidegger, je ne sais pas si vous la connaissez. C'est celle-ci : « Seul un dieu pourrait encore nous sauver. » Qu'en pensez-vous ?

– Étrange parole...

Simon la répéta à mi-voix pour lui-même d'un air songeur.

– Il a l'air de le découvrir, dit-il. Pourtant, qui peut jamais sauver les mortels sinon ceux qui ne le sont pas : les dieux ?

– Pour vous, il s'agit donc de sauver de la mort. N'y a-t-il rien d'autre dont nous ayons à être sauvés ?

Lancé dans sa pensée, Simon poursuivit sans répondre :

– Et d'abord, « nous sauver », de quel « nous » parle-t-il ? C'est un point très important. Je connais bien peu ce philosophe mais je crois me rappeler qu'il s'est quelque peu trompé de « nous » et trompé de dieu. Or, c'est la même question.

Cette fois, c'en était trop pour Ruth. Elle voulait bien admettre que l'amour entre homme et femme et l'amour divin puissent être associés par la Bible et chez Mozart. Elle voulait bien attendre que Simon lui explique en quoi, selon lui, le salut était lié à l'au-delà. Mais s'il rapprochait un tant soit peu de l'Histoire récente la question de la religion, sa patience s'arrêtait net. D'une voix plus sèche, elle interrogea :

– Alors, si le dieu et le « nous » sont une seule question et qu'on peut se tromper également à leur sujet, dites-moi, où donc étaient passés le vrai dieu et le vrai « nous » dans les nations chrétiennes d'Europe pendant que ceux qui portaient gravé sur la boucle de leur ceinturon « *Gott mit uns* » déportaient et assassinaient ? Où était l'autre dieu, le vrai, et l'autre « nous », qui nous auraient défendus et protégés ?

Ruth avait parlé avec une émotion croissante... « *Nous* auraient protégés » : elle entendit le mot qui venait de lui échapper. Simon aussi. Ils gardèrent un instant le silence sans détourner les yeux l'un de l'autre.

Puis il dit gravement :

– Je crois qu'ils étaient perdus l'un et l'autre en bien des lieux. Dans ce « *Gott mit uns* », ce « Dieu avec nous » du nazisme, tout était faux, c'est ce que je voulais dire. Et le dieu et le « nous ».

– Je sais qu'il existe cent étages plus élevés de réflexion sur ce gigantesque cauchemar, mais il faut bien aussi dire le rez-de-chaussée de sa pensée. Pourquoi des hommes ont-ils consenti à se dessaisir de leur identité et annuler toute rencontre en se saluant par le nom d'un autre ? *Heil* n'a-t-il pas le sens de « salut » ?

– Oui, je crois, « salut à », « gloire à ».

– Or, cette gloire était confisquée au profit d'un seul. Qu'est-ce que le « nous » lorsqu'il est usurpé par un nom unique qui annule toute présence entre sujets ?

Comment en arrive-t-on là ? Est-ce à cela que vous pensez lorsque vous parlez d'un faux « nous » ?

– Oui, c'est pour moi le « nous » de l'idolâtrie. Vous connaissez l'histoire du veau d'or, n'est-ce pas ? En fait, vous venez de la raconter : le veau d'or est formé des insignes de la gloire de ceux qui s'en sont dessaisis pour le faire. On ne peut imaginer meilleur exemple de ce que vous venez de dire : « un nom unique qui annule toute présence entre sujets ».

– Voulez-vous me rappeler les détails de cette histoire ? Détails certainement décisifs, comme toujours ce qu'on appelle détails dans des textes pareils...

– L'or, reprit Simon, l'or dont on fera le veau provient des bijoux donnés par le peuple égyptien aux Hébreux lorsque Pharaon consent, momentanément, à les laisser quitter l'Égypte. Ces bijoux, du moins selon ce que j'en comprends, signifiaient la reconnaissance d'hommes libres – on ne donne pas des bijoux à des esclaves – même si cette reconnaissance ne venait, *in extremis*, que du peuple d'Égypte, non de Pharaon, et à la demande des Hébreux. Ce sont ces bijoux – des anneaux d'or que portent femmes et enfants – que Aaron, le frère de Moïse, fait fondre pour en faire le veau dans lequel ils disent reconnaître le dieu qui les a fait sortir d'Égypte. Cet or par lequel ils pouvaient se reconnaître mutuellement comme des hommes libres devient maintenant extérieur à eux, la gloire de chacun a disparu dans l'idole de tous. C'est ainsi qu'ils forment à la fois leur faux dieu et leur faux « nous ».

– Et ce faux « nous », quand arrive-t-il ?

– Lorsque celui qui les a sortis de l'esclavage et les

emmenait vers le dieu de la parole demeure absent quarante jours et semble ne devoir jamais revenir. Comment ne pas chercher un nouveau dieu lorsque celui qui vous conduisait vers le dieu de vos pères a disparu, vous laissant seuls dans le désert ? On croit alors faire du neuf. Erreur, c'est du vieux qui surgit. On revient en arrière. En tant que dieu pour l'homme, le veau d'or représente trois erreurs. Premièrement, c'est un animal ; deuxièmement un animal non sevré ; et troisièmement, il est en or, ce qui le rend inaltérablement animal et non sevré : quoi de plus régressif pour des humains ? Un faux nouveau dieu dont on dit qu'il a fait sortir d'Égypte où en réalité il ramène, comme un veau revient à la vache qui l'a mis au monde et allaité.

– Intéressante, cette erreur de direction qui masque un retour vers la matrice, si j'entends bien votre lecture, dit Ruth. Mais alors, si les enjeux de l'idolâtrie sont de cet ordre d'importance, voilà une notion précieuse, applicable en tous lieux et en tous temps, n'est-ce pas ? Ce faux dieu qu'a été le Führer n'est pas arrivé non plus par hasard dans l'histoire d'un peuple humilié par d'autres nations. Mais je ne vais pas reprendre tout ça.... Pour rester dans la question du faux dieu et du faux « nous », je me demande : pourquoi nous faudrait-il un dieu ? Un dieu qui peut bien être totalement faux au point d'inverser la vie, de l'orienter non pas vers l'avant, la croissance – et la mort –, mais vers l'arrière, la dépendance de l'enfance ? Il y a à cela une réponse simple, c'est : pas de dieu du tout.

– Les hommes peuvent-ils décider par la seule raison s'ils ont besoin ou non, et quand, d'un dieu pour vivre ensemble ? Décider quand ils peuvent former cet être-ensemble avec un dieu déjà connu, et quand il leur en faut chercher un autre ? objecta Simon.

– Mais vous, continua Ruth sans reprendre la trop vaste question qu'il venait de poser, n'êtes-vous pas retourné à notre plus ancien dieu ?

« Comment répondrai-je à cela ? se dit Simon. J'ai choisi, c'est certain, le moins moderne des dieux de notre civilisation. Et pourtant... »

– La question vous embarrasse, n'est-ce pas ? observa Ruth sans une trace de compassion.

– Ce qui est terrible à propos des dieux, c'est qu'il faut se méfier de tous côtés. Si le dieu n'est pas nouveau, ce n'est pas le dieu de la parole. Mais s'il est nouveau, est-il vraiment neuf ? N'est-ce pas une vieille idole qui revient sous un autre nom ? Alors, comment vous répondre ? Peut-être en revenant à la question du « nous ». « Nous » est toujours nouveau, parce que situé dans la parole aux conditions que vous avez si bien posées, du non-savoir et du désir. J'ai cherché un dieu qui lui-même dirait « nous ». Ce n'est pas le plus fréquent parmi les dieux. Or, justement, dans la Genèse, dès que ce dieu a fini de faire la terre, les ciels et les astres, la mer, la terre sèche, les plantes et les animaux, il parle soudain à la première personne du pluriel. On peut traduire littéralement : « Nous ferons l'humain en l'image de nous comme la ressemblance de nous. »

– « Nous » mystérieux en effet, s'il s'agit d'un dieu unique, dit Ruth, car il y faut au moins un « Je » et un « Tu » différents, n'est-ce pas ? Ce « nous » divin, comment ne serait-il pas seulement un grand gendarme, un Surmoi sacré qui occupe toutes les places dans la parole : lui et l'autre, c'est toujours lui ? Les puissants savent très bien inclure l'autre d'avance dans leur discours, dire « nous » lorsqu'ils veulent décider seuls.

– Certes, mais alors, objecta Simon, ils ne *disent* pas vraiment « nous », ils *se font* un « nous » qu'ils disent, sans autrui.

– Ceci me paraît important.

– Un jour, reprit Simon, j'en suis arrivé à ce choix en matière de dieu, qui correspond à deux positions spirituelles – peut-être diriez-vous aussi psychiques –, deux positions bien distinctes : le choix entre un dieu qui nous a faits et un dieu que nous faisons. Et j'ai choisi le plus vieux dieu, comme vous dites, parce que je crois que rien ni personne ne nous protège davantage des dieux que nous faisons que le dieu qui nous a faits.

– Reste pour moi à comprendre comment la religion peut faire le lit de l'idolâtrie, comment elle peut engendrer cette soumission à l'idole qui fait d'abord danser devant elle, puis un jour tuer ceux qui ne dansent pas.

Sur ces mots elle se leva et alla chercher le plateau du thé.

En revenant, elle observa, d'une voix légèrement altérée :

– Que se passe-t-il aujourd'hui ? Nous nous parlons sur un autre ton. Il y a de la colère, n'est-ce pas ?

– Peut-être est-ce la suite de notre précédente conversation. Est-ce que nous ne venons pas de réaborder le « *Heil Jesus* » ? demanda Simon d'une voix plus grave.

– Oui, admit-elle baissant le ton elle aussi. Il y a si longtemps que je me pose cette question sans personne à qui la poser. Cette fois, je ne l'ai pas *posée*, elle m'est sortie, comme on dit, et violemment. Excusez-moi. En fait, ma question est celle-ci : quand on enseigne à l'homme avant tout à obéir et servir – servir Dieu, servir les autres –, la question de savoir qui l'homme sert devient un jour secondaire. Au nom du bien, le mal est fait : *il a pris la position psychique du serviteur*. Il obéira à qui le commandera au nom du bien. La soumission lui est enseignée comme une valeur en elle-même, supérieure à la conscience. Parmi tous ceux qui ont dit « *Heil Hitler* », combien vivaient déjà l'effacement de leur propre nom dans le « *Heil Jesus* » ?

– Inutile de vous le cacher, Ruth, la brutalité de cette formule m'a quelque peu saisi lorsque vous l'avez dite l'autre jour. Maintenant, j'ai eu le temps d'y penser et d'y repenser. Pour répondre à Heidegger – et à vous –, je dirais d'abord ceci : qu'un véritable « nous » soit possible sur la terre, peut-être est-ce à cela que certains travaillent aujourd'hui, dont j'espère faire partie. Et pour ma part, je n'ai pas trop de toutes les Écritures, de toutes nos traditions et aussi de nos études et nos rencontres pour distinguer un vrai « nous » d'un faux, le vrai Dieu des faux dieux.

– Je commence à l'entendre, dit Ruth d'une voix apaisée. Un dieu qui ne soit pas le veau. Le « nous-veau » du « *Gott mit uns* » si vous me permettez ce mauvais jeu de mots.

– Ce « nous-veau » me plaît, dit Simon en riant. Il doit y avoir quelque part un « moi-vache » qui le nourrit et le tient en sujétion.

Tandis qu'ils buvaient le thé, Ruth sentait qu'il y avait encore une question à débattre, sans voir par où reprendre les choses. Supposant que cet embarras de pensée était signe que leur relation s'était froissée, elle revint au début de leur conversation.

– Simon, je vous ai demandé tout à l'heure si vous saviez ce que je pensais. Je comprends mieux à présent pourquoi j'ai employé cette expression que je déteste : en fait, c'est moi qui croyais savoir ce que vous pensiez. Comme toujours dans ce cas, ce que je croyais savoir n'était que ce que je redoutais que vous pensiez. Et curieusement, la phrase qui s'est imposée à moi entre nous était de Heidegger, c'est-à-dire – si j'en crois un philosophe juif, Jacob Taubes – d'un « catholique apostat... comme Hitler ».

Simon ne connaissait pas ce philosophe ; aucune diversion n'était possible, il devait répondre à Ruth, chercher le sens de sa violence verbale.

– Je vous ai dit que vous m'aviez secoué l'autre jour, avec ce Jésus-Hitler ; je n'ai pas dit que je vous en voulais, ni même que je le déplorais. Il fallait bien que vous me convoquiez à un moment ou à un autre en ce lieu-là.

– Que voulez-vous dire ?

– Il était inévitable qu'en tant que juive, vous m'imaginiez « catholique c'est-à-dire idolâtre », de ceux qui ont répandu la soumission au Christ, au pape, aux curés et préparé les gens à ne plus avoir de conscience ni de force d'âme. À présent, vous avez supporté d'entendre que la religion chrétienne n'est pas forcément une idolâtrie ; alors vous vous souvenez que le trop soumis Heidegger était, tout compte fait, un catholique apostat. Un type en quête du « nous-veau » ?

Il avait parlé avec une sorte d'humour amer, puis il lui sourit. Elle sourit à son tour :

– Je vous malmène, n'est-ce pas ?

– Si nous voulons vraiment nous parler, je ne vois pas comment nous pourrions ne pas nous prendre par le col et nous secouer à un moment ou à un autre. L'histoire nous a fait naître dans deux camps irréconciliés. Deux mille ans de contentieux entre nos deux tasses de thé. Est-ce étonnant qu'elles s'entrechoquent ? Je considère pour ma part comme une chance que nous puissions entendre leur tintement particulier sans les casser. Du moins jusqu'à maintenant.

Un silence se fit encore, qui sonnait déjà autrement. Ruth fronça un instant les sourcils, puis se détendit et dit à Simon :

– Pour une fois que je peux parler de tout cela sans craindre de casser la vaisselle, je voudrais vous dire encore une chose.

– Je vous en prie, répondit Simon en ouvrant les mains en signe d'invitation.

– Je comprends bien qu'il y a une différence notoire entre la foi au dieu et la foi au veau. Mais il y a une autre aberration, bien plus redoutable que le veau et même qu'une idole politique dont le pouvoir, si terrible soit-il, est toujours limité dans le temps.

– En effet, pas plus de trois ou quatre générations, comme le promet le Décalogue, commenta-t-il.

Elle hésitait à poursuivre.

– C'est difficile à penser ou à dire ? demanda Simon.

– Les deux, probablement... Peut-être que je pourrais d'abord reprendre vos paroles de tout à l'heure. Vous avez dit qu'à propos de divinité, les humains ont à choisir entre les dieux qu'ils font et le dieu qui les a faits.

– Oui. Eh bien ?

– Supposons, pure hypothèse, que j'adhère moi aussi à la foi au « dieu qui nous a faits », comme vous dites. J'aurais encore un autre choix à faire, que nous n'avons pas envisagé.

Simon apprécia le « nous » au passage.

– Dites.

– Ce dieu, bien qu'il nous ait faits, je pourrais vouloir le faire moi-même. Comme s'il n'avait pas assez d'existence, puisqu'il est apparemment absent du monde comme Moïse était absent au désert. Je pourrais vouloir le fabriquer par ma parole, le rendre verbalement visible pour l'enseigner aux autres. Vous savez, Simon, ce que les monothéistes ont fait du

« dieu qui nous a faits » me laisse le plus souvent extrêmement perplexe.

– Pourtant, tout homme de bonne volonté doit pouvoir parvenir au dieu qu'il n'a pas fait, s'il le cherche avec droiture.

– Mais s'il le cherche ainsi, avec droiture comme vous dites, et qu'il rencontre le dieu-pas-fait présenté par ceux qui le font, que va-t-il faire dans sa droiture ? Je pense aux athées, mes frères les plus proches jusqu'à ce jour. Je ne parle pas ici des athées qui croient très fort en des dieux non divins : la Raison, la Science, le Progrès, ou Marx, Mao et autres. Je pense aux athées libres et sincères, les vrais. Curieusement, ils apparaissent dans les peuples où le monothéisme s'est répandu. Que refusent-ils souvent si noblement ? Le dieu qui nous a faits ? Je n'en suis plus aussi certaine. En tout cas, ils défont le dieu qu'on a fait du dieu-qui-nous-a-faits. Et ce travail d'âme est indispensable à la foi des autres... Vous allez trouver que j'exagère ?

– Ne m'avez-vous pas dit que ce mot n'avait pas cours ici ? répondit Simon en riant. Non, je ne trouve pas que vous exagérez, Ruth. Je n'avais jamais pensé la question de la foi et de l'athéisme dans des termes à la fois aussi simples et aussi radicaux, mais je suis profondément d'accord avec vous.

– Bon. Alors, nous allons pouvoir souffler maintenant.

VI

Cher Simon,

Comme je voulais vous le dire par téléphone – mais ce n'est pas le bon moyen pour joindre un moine sans doute – je ne pourrai pas vous recevoir demain. La fièvre, le médecin, pas grave, mais, bref, je suis priée de garder le lit jusqu'aux 37° réglementaires. Noémie, que j'ai dissuadée de rester, a repris la route vers son homme et son travail. Elle m'a confiée d'ici vendredi à sa voisine, la meilleure des femmes, qui veille sur moi comme sur tout ici en son absence.

Je n'ai donc aucun souci, mais j'ai un chagrin : rater notre cinquième rendez-vous. Aussi, entre deux plages de sommeil, je m'offre le plaisir de vous écrire, sans rien à vous dire d'abord que ma déception de ce rendez-vous manqué.

Seulement le cinquième ? J'ai recompté ce matin. Incroyable tout ce qu'on peut se dire en seulement cinq rencontres. Non, ça fait six, j'oublie la première, qui ne figure pas dans mon agenda. C'est que la méfiance avec laquelle je vous ai reçu ce jour-là me paraît tellement contraire à ce qui est à présent. Heureusement que vous êtes venu sans rendez-vous. Cela relevait du droit d'ingérence spirituelle. Douce ingérence puisqu'il s'agissait seulement de venir frapper à la porte du pauvre pays écrasé que j'étais alors. Écrasé par quoi ? Je ne sais. La maladie ? Oui, mais ce n'est pas tout. La mort ? Je ne crois pas. Non, plutôt par la pensée d'une vie de rien, pour rien, vers rien. Qui se terminerait comme un trajet d'autobus. L'idée qu'au terminus, moi qui me sentais tellement passagère, je serais rangée au garage avec le véhicule m'anéantissait sans bruit.

Aujourd'hui, ma tête n'est pas en état de penser des choses intelligentes. Ça ne m'empêche pas de continuer à vous écrire. Dans mon métier, on est assez vite persuadé que ce qu'il y a de plus intelligent en nous est rarement l'intelligence. Le rêve par exemple : apparemment la plus stupide, la plus folle de nos productions mentales qui, cependant, recèle des trésors qu'on ne peut extraire que par un travail considérable de deux intelligences. Un peu comme ces textes religieux qui semblent avoir été écrits par des bergers ou des pêcheurs et qu'après deux ou trois mille ans, de grands savants interprètent avec peine.

Noémie a posé à côté de mon lit un grand panier de livres : romans policiers, bandes dessinées, la Bible, des poètes, et un livre de citations qui m'amuse parce que cela ne prend que trois secondes à chaque fois et qu'il y a de tout, bien entendu. Ceci, par exemple, qui concerne ce que je viens de vous dire : « Le cœur a des prisons que l'intelligence n'ouvre pas » (Marcel Jouhandeau)... Pascal est là, évidemment ; quand on pense en français, il y a toujours un moment où l'on vient à croiser Pascal. Qu'est-ce donc qui ouvre ces prisons du cœur ? C'est bien ce qu'a essayé notre Freud, tout de même.

En lisant quelques pages de la Bible, je commence à entendre autre chose. Et cette autre chose m'étonne, je dois le reconnaître. Je me demande ce qui a changé dans mon rapport aux Écritures. Sans doute que je les lis maintenant avec, aussi, nos conversations.

Dans le même dictionnaire de citations, au mot « religion », j'ai la surprise de lire ce paragraphe de Marx : « La religion est le soupir de la créature opprimée, l'âme d'un monde sans cœur, comme elle est l'esprit de conditions sociales dont l'esprit est exclu. Elle est l'opium du peuple », *Critique de la philosophie du droit de Hegel*. (Henri Heine l'aurait dit avant lui.)

Expliquez-moi comment on n'a gardé généralement de ces deux phrases que la seconde pour l'invoquer *contre* la religion ; pourquoi on a oublié les expressions très fortes de « soupir de la créature opprimée », « âme d'un monde sans cœur » et « esprit de conditions sociales dont l'esprit est exclu » – et qu'on n'a retenu que « opium du peuple ». Il est vrai qu'à première lecture, ce quatrième terme ne fait pas série avec le soupir, l'âme et l'esprit. L'opium avait sans doute une image plus consolatrice à cette époque. Drôle, tout de même.

Presque agréable, cette espèce d'ivresse de la fièvre, comme sur un manège. Idéal pour se sentir à nouveau enfant. Quand j'étais malade, ma mère envoyait ma grand-mère me chanter de ces merveilleuses berceuses d'Europe de l'Est. Elle chantait donc et, si je ne m'endormais pas rapidement, elle changeait peu à peu de registre pour finir par les chansons les plus endiablées qu'elle connaissait. À la fin, c'étaient de tels rires que les parents montaient voir.

Dans ce souvenir de ma grand-mère, j'écoute en ce moment le deuxième concerto pour piano de Rachmaninov. Vous savez certainement dans quel élégant mépris les connaisseurs ont tenu ce compositeur. Un jour, j'écoutais à la radio des critiques qui comparaient divers enregistrements de cette œuvre, tous remarquables d'ailleurs, sans dire le nom des interprètes. La dernière version m'a fait brusquement pleurer, je n'ai pas compris. Alors ils ont donné le nom du pianiste : Sergueï Rachmaninov.

Sans doute n'aurez-vous pas le temps de me répondre. Mais au cas où vous me répondriez, voudriez-vous m'indiquer les références d'un texte biblique pour que je le lise et qu'ensuite nous puissions en parler ensemble ? Pour tout vous dire, Noémie un soir m'a raconté le résultat de vos recherches communes concernant, par exemple, le premier interdit dans la Genèse. Je me le résume ainsi pour le moment – l'interdit de manger de l'arbre de la connaissance, donné entre la création de l'homme et celle de la femme, aboutit à poser entre les deux humains cette loi fondamentale pour la parole : ne pas manger l'autre. J'en suis restée assez étonnée car dans mon métier, en effet, on voit tous les jours qu'un esprit humain peut manger l'esprit d'un autre humain, le faire disparaître à l'intérieur de soi. Celui qui n'a pas été reconnu comme autre se trouve mangé en tant qu'être parlant. Le meurtre d'âme est invisible. Est-ce pour cela que nous ne pouvons être avertis de ce danger que par le mythe ?

Évidemment, tout cela est trop neuf pour moi, et surtout je ne sais pas où chercher d'autres textes qui confirment votre lecture, ce qui ne peut manquer, n'est-ce pas, si elle est bien ajustée à l'esprit de la Bible.

Voilà tout pour ce soir.

Simon, je vous salue très amicalement avant de sombrer à nouveau dans mon nuage de coton.

Ruth

Chère Ruth,

Votre lettre est arrivée ce matin, imprévue. Je ne connaissais pas votre écriture et pourtant je l'ai reconnue immédiatement sur l'enveloppe. Est-ce comme votre concerto de Rachmaninov ? Mystère de ce qui est plus intelligent en nous que l'intelligence, comme vous le dites. De cela je suis aussi persuadé que vous. Si vous saviez par exemple comment se fait la compréhension entre frères dans la vie monastique... Parfois, à la façon qu'a l'autre de passer la corbeille à pain, à sa manière de fermer la porte. Sentir ? Oui, mais pas seulement. C'est aussi penser, penser musicalement – le rythme, le ton – sans passer par la raison qui raisonne. Nous disons : intuition. N'est-elle pas au plus loin du « savoir l'autre », cette intelligence de la relation ?

Je ne connaissais de cette citation de Marx que la forme tronquée et retournée qui circule partout. Vous me la faites découvrir et j'en suis content !

Ce qui *ne m'étonne pas*, en revanche, c'est son retournement. Encore un, me suis-je dit tout de suite. J'ai acquis, depuis que je lis les Écritures, une solide expérience des phrases inversées. Autrefois, j'aurais imaginé que la déformation du sens des textes bibliques se faisait par détournement partiel, par à-peu-près, par à-côté. Mais non. Souvent, ce qui est d'abord lu et retenu d'une phrase très importante, particulièrement une phrase divine, c'est son inversion radicale. Le sud à la place du nord, le oui pour le non, la mort au lieu de la vie...

Pourquoi ? Il semble que, lorsque nous rencontrons pour la première fois une parole vraie, nous commençons par entendre son sens inversé. J'ai cru comprendre que la psychanalyse avait aussi cette expérience. (Freud ne dit-il pas quelque chose comme ça : lorsqu'un patient dit : « J'ai rêvé d'un homme, ce n'est pas mon père », on peut être certain qu'il s'agit justement de lui ?)

Il y a ce que nos yeux voient et ce que nous sommes prêts à leur accorder. Notre premier mouvement lorsque nous voyons arriver la vérité, c'est de lui dire : je ne te vois pas. Peut-être est-ce un des sens de cette parole que j'aime particulièrement dans le psaume 62 : « Dieu a dit une parole et j'en ai entendu deux. »

Avant, je ne la comprenais que sur le mode : Dieu parle simplement et nous, nous compliquons. Mais le psalmiste n'a pas dit : j'en ai entendu dix, mais : « j'en ai entendu deux ». Maintenant, je comprends ainsi : l'homme commence par entendre la parole à l'envers, puis – s'il continue d'écouter évidemment – il l'entend à l'endroit.

Le premier exemple de ce renversement qui me vienne à l'esprit est ce texte très célèbre de la Genèse dans lequel Elohim dit littéralement à Abraham : « Prends ton fils... et fais-le monter en montée (ou : élève-le en élévation) » Abraham – comme la plupart des traducteurs – entend d'abord ceci : « Prends ton fils... et offre-le en sacrifice, ou : en holocauste. » Alors, il monte, trois jours durant, avec Isaac, le bois, le couteau et le feu ; au moment où il va tuer, la phrase lui parvient jusqu'au bout, sous sa deuxième forme, dite cette fois par le messager de YHWH, autre nom divin, et elle est totalement inversée : « Ne fais aucun mal à l'adolescent. »

Après une longue lecture à plusieurs, nous pensons qu'il s'agit de la même phrase diffractée en deux versions différentes dans l'esprit d'Abraham, de même qu'il s'agit du même dieu sous deux noms différents. Sous ce deuxième nom, YHWH, un nouveau dieu arrive qui n'est ni meurtrier ni incestueux, tandis que partout dans l'Antiquité, les dieux ont commerce de sexe et de mort avec les hommes. Cela, Abraham n'a aucun moyen de le savoir, venant lui-même d'un clan au bord de l'inceste (la femme d'Abraham est sa demi-sœur, son frère épouse une nièce...), sinon l'écoute de son propre cœur...

Vous me demandez un texte. Comment en choisir un lorsque je voudrais en relire cent avec vous. Si vous n'avez eu connaissance de pages de la Bible que par des lectures imposées ou faites seule, ou telles que notre culture croit les connaître, ce n'est pas le même livre que celui que vous auriez devant vous si vous l'ouvriez avec des amis. L'arche de Noé m'apparaît de plus en plus comme une bonne figure de la lecture biblique : on ne doit pas y monter un par un mais par deux et groupes de deux.

Et si nous allions voir du côté de Noé justement ? La première des questions – la première énigme à propos du déluge porte sur son déclenchement : Genèse 6. Depuis que nous sommes rentrés dans ce texte de la même façon que Noé entre dans l'arche – à plusieurs –, cette histoire a basculé. Le sens là encore s'est retourné. Je me demande ce que vous en penseriez et ce que nous trouverions ensemble.

Quelle bonne idée ce serait de guérir, Ruth ! Cependant, si vous faites une maladie d'enfant avec une grand-mère chanteuse de berceuses qui se changent en danses, comment souhaiter que vous vous hâtiez ?

Bon repos à vous. Je vous emmène dans ma barque de prière, si vous permettez.

Simon

P.S. Ci-joint la photocopie de la lettre de la sœur de Rimbaud comme je vous l'avais promis. Nous en reparlerons plus tard.

Lettre d'Isabelle Rimbaud à sa mère,
Vitalie Rimbaud.

Marseille, mercredi 28 octobre 1891

Dieu soit mille fois béni ! J'ai éprouvé dimanche le plus grand bonheur que je puisse avoir en ce monde. Ce n'est plus un pauvre malheureux réprouvé qui va mourir près de moi : c'est un juste, un saint, un martyr, un élu !

Pendant le courant de la semaine passée, les aumôniers étaient venus le voir deux fois ; il les avait reçus, mais avec tant de lassitude et de découragement qu'ils n'avaient osé lui parler de la mort. Samedi soir, toutes les religieuses firent ensemble des prières pour qu'il fasse une bonne mort. Dimanche matin, après la grand-messe, il semblait plus calme et en pleine connaissance : l'un des aumôniers est revenu et lui a proposé de se confesser ; et il a bien voulu !

Quand le prêtre est sorti, il m'a dit, en me regardant d'un air troublé, d'un air étrange : « Votre frère a la foi, mon enfant. Que nous disiez-vous donc ? Il a la foi et je n'ai même jamais vu de foi de cette qualité ! » Moi, je baisais la terre en pleurant et en riant. Ô Dieu ! quelle allégresse ! quelle allégresse, même dans la mort, même par la mort ! Que peuvent me faire la mort, la vie et tout l'univers et tout le bonheur du monde, maintenant que son âme est sauvée ! Seigneur, adoucissez son agonie, aidez-le à porter sa croix, ayez encore pitié de lui, ayez encore pitié, vous qui êtes si bon ! oh oui, si bon. – Merci, mon Dieu, merci !

Quand je suis rentrée près d'Arthur, il était très ému, mais ne pleurait pas ; il était sereinement triste, comme je ne l'ai jamais vu. Il me regardait dans les yeux comme il ne m'a jamais regardée. Il a voulu que je m'approche tout près, il m'a dit : « Tu es du même sang que moi :

crois-tu, dis, crois-tu ? » J'ai répondu : « Je crois ; d'autres plus savants que moi ont cru, croient ; et puis je suis sûre à présent, j'ai la preuve, cela est ! » Et c'est vrai, j'ai la preuve aujourd'hui ! Il m'a dit encore avec amertume : « Oui, ils disent qu'ils croient, ils font semblant d'être convertis, mais c'est pour qu'on lise ce qu'ils écrivent, c'est une spéculation ! » J'ai hésité, puis j'ai dit : « Oh non ! ils gagneraient davantage d'argent en blasphémant ! » Il me regardait toujours avec le ciel dans les yeux ; moi aussi. Il a tenu à m'embrasser, puis : « Nous pouvons bien avoir la même âme, puisque nous avons un même sang. Tu crois, alors ? » Et j'ai répété : « Oui, je crois, il faut croire. » Alors il m'a dit : « Il faut tout préparer dans la chambre, tout ranger, il va revenir avec les sacrements. Tu vas voir, on va apporter les cierges et les dentelles : il faut mettre des linges blancs partout. Je suis donc bien malade !... » Il était anxieux, mais pas désespéré comme les autres jours, et je voyais très bien qu'il désirait ardemment les sacrements, la communion surtout.

Depuis, il ne blasphème plus jamais ; il appelle le Christ en croix et il prie. Oui, il prie, lui !

Cher Simon,

Sans me presser de guérir, comme vous m'en accordez si bien le droit, tout de même je vais mieux. Pas encore capable de m'habiller, de faire une tasse de thé à un visiteur et de soutenir avec lui une controverse, mais de lui écrire par petits fragments entrecoupés de repos, oui.

Je vous avais demandé un texte biblique. Quelle

erreur ! J'ai voulu lire seule les pages qui précèdent le déluge et je n'ai rien compris. Ce qui s'appelle rien. J'y trouve des « fils des dieux » et des « filles des hommes », les premiers prenant les secondes comme il leur plaît. Je suis déjà perplexe : qu'est-ce que c'est que cette inhumaine humanité-là ? À en croire les notes de la Bible dont je dispose ici, cet épisode serait « une légende ». Le mot m'a fait éclater de rire : quel sens peut-il avoir après six chapitres où l'on a déjà raconté des choses aussi légendaires que l'origine du monde, la présence de l'homme, de la femme et du dieu dans un même jardin, un serpent qui parle... ? Et puis, enfin, soyons sérieux, légende ou pas, l'enjeu de cet épisode est extrêmement grave : les humains ont « détruit leur route » au point de donner à leur créateur le regret de les avoir créés. Dans la culture ambiante que vous évoquez dans votre lettre (seule véritable source de ma culture biblique en fait), c'est la violence qui déclenche le châtiment, mais au lieu des meurtres, viols, vols et mensonges dont nous attendons au moins la mention en pareil cas, l'auteur nous présente une « légende » qu'on dit sans intérêt, irracontable et qu'on ne raconte d'ailleurs jamais aux enfants malgré le vif succès de Noé et du déluge auprès d'eux. Cette histoire de fils des dieux et de filles des hommes ne peut pourtant pas se trouver posée là par hasard, juste avant le déluge, on ne fera pas croire ça à une psychanalyste.

Vous ne pouviez plus mal choisir – ou mieux, c'est selon. Je me suis sentie d'abord découragée. Je veux bien dépasser la raison s'il le faut pour lire la Bible, mais pas rester en deçà, car ici la raison se trouve paralysée et le cache en assurant qu'il n'y a là rien à comprendre : légende.

Pourtant l'idée que, pour vous et vos amis, un tel texte ait pu se renverser m'intrigue au plus haut point. C'est excitant pour l'intelligence même si ça la dépasse – *surtout* si ça la dépasse. Je suis maintenant intriguée : il me semble que dès que vous vous mettez à lire un texte, il appartient soudain à un autre corpus, une Bible inconnue, bien que vous n'en changiez pas un *iod.*

Évidemment, je n'ai pas résisté non plus à lire la lettre de la sœur de Rimbaud. Et là, étonnement : à l'inverse du texte précédent, l'ultime dialogue entre Isabelle et Arthur raconté à leur mère me touche au plus haut point. Je vais le recopier mot à mot pour bien l'entendre (ce que je fais toujours lorsque je veux accéder à la pensée d'un auteur – j'ai ainsi recopié des centaines de pages à la main, comme un moine avant l'imprimerie).

Mon premier sujet d'étonnement, c'est l'effet qu'une telle lettre me fait aujourd'hui. Si je l'avais lue avant d'avoir été moi-même à l'hôpital, près de la mort, et avant notre rencontre, je ne sais ce que j'en aurais pensé. Sans doute l'aurais-je détestée. L'idée qu'un tel poète se soit tu m'était déjà douloureuse, mais lire en plus qu'il finissait récupéré – car c'est ainsi que je l'aurais compris –, récupéré par tout ce qu'il avait fui, Église, famille, patrie, m'aurait été insupportable.

Seulement voilà, cette page m'arrive après la maladie et nos conversations. Par vous, Simon. Cela change ma lecture ; est-ce encore un retournement ? Le vocabulaire d'Isabelle Rimbaud dans la culture de sa famille et de son temps qui m'aurait totalement rebutée auparavant ne fait même plus obstacle. Les enjeux de ces paroles sont trop importants, leur force trop vive pour que le sens en soit retenu par les mots qu'il traverse.

Ce qui me touche d'abord, c'est sa joie à elle. Incompréhensible si l'on pense que la vie ne va nulle part, n'est-ce pas ? Alors qu'elle va le perdre, elle se réjouit entièrement ; elle explose de joie de ce qu'il est « sauvé », de ce qu'il a trouvé le chemin du ciel, d'un ciel qui n'est pas, d'abord, pour après ; il est là, ils le partagent. « Il me regardait toujours avec le ciel dans les yeux ; moi aussi. »

Je me souviens que Rimbaud, juste avant sa maladie, avait le projet de revenir en France se marier. Il était donc en quête d'alliance. C'est une alliance d'un autre niveau qu'il va trouver dans les dernières heures de sa vie. Avec cette femme qui reste auprès de lui durant les trois derniers mois et qui se trouve être sa sœur.

Le verbe « croire », ils l'utilisent l'un et l'autre, non pas une fois mais cinq – de la même façon que vous-même l'avez entendu employé dans un autre hôpital, n'est-ce pas, Simon ? Nul objet à ce « croire » dans sa question à lui, et elle lui répond par le même verbe, au même état absolu : « Il me regardait dans les yeux comme il ne m'a jamais regardée. Il a voulu que je m'approche tout près, il m'a dit : "Tu es du même sang que moi ; crois-tu, dis, crois-tu ?" J'ai répondu : "Je crois ; d'autres plus savants que moi ont cru, croient ; et puis je suis sûre à présent, j'ai la preuve, cela est !" Et c'est vrai, j'ai la preuve aujourd'hui ! »

Le verbe « être » apparaît là, lui aussi employé de cette manière étrange, non désignée, infinie : « cela est ».

Rimbaud qui a jadis écrit « Mauvais sang », voici qu'il passe à présent par le sang. (« Nous pouvons bien avoir la même âme, puisque nous avons un même sang. Tu crois, alors ? ») Comme c'est étonnant ici : le sang est lu à la juive, c'est l'âme. Par un même sang, il lui demande l'hospitalité de l'âme, de son âme croyante.

Je suis bien ennuyée de ne pas avoir ici *Une saison en enfer*.

Voilà, j'ai dû dépasser un peu le seuil de mes ressources pour aujourd'hui, comme me le signale un début de migraine.

Merci pour tout cela, Simon.

Ruth

Chère Ruth,

Dans les quelques minutes dont je dispose ce matin – des moines bouddhistes nous visitent aujourd'hui –, juste un mot.

Votre réponse après la lettre d'Isabelle Rimbaud me touche infiniment. Je n'étais pas certain d'avoir eu raison de vous l'envoyer ; je n'imaginais pas qu'elle vous rejoindrait à ce point. (Ou bien je n'osais pas me dire que je l'imaginais...)

Cela me touche aussi que le parallèle avec ma propre histoire ne vous ait pas échappé. Parallèle, si ce n'est que les places étaient inversées : c'est moi, le visiteur, qui ai demandé l'hospitalité de l'âme à la mourante qui croyait, de ce croire sans objet qui conduit vers l'être.

À vous je puis écrire encore ceci : lorsque je reviens en pensée aux jours où j'ai moi-même vécu cela, les larmes, maintenant, peuvent venir avec la paix. Qui acceptera d'entendre de telles choses sinon une femme qui n'ait pas renoncé au privilège de l'être ? C'est ainsi que je vous vois, Ruth, et c'est une joie pour un homme, fût-il devenu moine.

C'est une lettre brève.

Simon

Cher Simon,

Votre lettre brève reçue hier est si grande qu'il me semble ce matin n'en avoir pas encore achevé la lecture. Je ne puis vous répondre pour l'instant ; seulement venir auprès de vous, avec des pensées et des questions.

Où Isabelle et Arthur Rimbaud se rencontrent-ils ? Comment s'appelle ce lieu de relation ? Je ne sais pas. Et puis, lorsqu'il dit : « crois-tu ? » et qu'elle répond : « ... j'ai la preuve, cela est », quelle est donc cette preuve ? Je ne la vois pas, sinon dans le fait qu'il lui dit : « crois-tu ? ». Il cherche avec qui croire, croire sans rien à croire qui puisse être exprimé. Elle reconnaît là sa foi : la preuve du croire n'est pas l'assurance qu'il y a bien quelque chose à croire, c'est le « croire avec l'autre ». Nos logiques, nos rhétoriques sont débordées. C'est fou ! Pourtant, je sens que c'est vrai, d'une vérité qu'on n'atteint pas par le raisonnement, mais par la rencontre. Il y a des phrases qui sont vraies parce qu'à la fin de la phrase, il y a quelqu'un.

En me donnant cette lettre à lire, quelle était votre intention, vos intentions ? Je ne le sais pas. Pourtant, j'aperçois ceci : le dialogue des Rimbaud n'est pas tout à fait étranger au nôtre, n'est-ce pas ? J'aimerais que nous trouvions encore d'autres histoires où la relation – comme les verbes – est sans objet. Peut-être est-ce une manière pour moi de savoir dans quel pays nous sommes ensemble.

... Trésor de l'inconscient ! Comme je laissais un moment cette lettre pour aller mettre des légumes à cuire, voilà que mes musiciens intérieurs sont arrivés pour répondre à mon souhait, et, fredonnant dans la cuisine, une chanson de Brassens m'est venue m'apportant deux noms : Montaigne et La Boétie. Serait-ce des compatriotes ? Première question : qu'y a-t-il de commun entre ces fameux amis et ceux qui se regardent à Marseille le ciel dans les yeux ?

Une chance, il y a ici un exemplaire des *Essais* (rendus lisibles pour nous par une personne appelée Claude Pinganaud, merci à lui ou à elle !). Chapitre 28 : « De l'amitié ». Vous vous souvenez certainement : « Si on me presse de dire pourquoi je l'aimais, je sens que cela ne se peut exprimer qu'en répondant : "Parce que c'était lui ; parce que c'était moi." »

À nouveau, l'usage court, divin, du verbe « être » : c'était lui, c'était moi. Je continue à lire : « Il y a, au-delà de tout mon discours et de ce que j'en puis dire particulièrement, je ne sais quelle force inexplicable et fatale, médiatrice de cette union. »

Le mot « amitié » ne suffit pas pour signifier cette relation à laquelle une force irrésistible, mystérieuse, *médiatrice d'union* les conduit.

« Nous nous cherchions avant que de nous être vus, et par des rapports que nous entendions l'un de l'autre, qui faisaient en notre affection plus d'effort que ne porte la raison des rapports, je crois par quelque ordonnance du ciel ; nous nous embrassions par nos noms. »

La langue de la Renaissance n'est pas facile, mais tout de même, j'entends : « nous nous cherchions... je crois par quelque ordonnance du ciel. »

Le verbe « croire », le « ciel » nommé là encore, par lequel s'établit ce « nous » qui se scelle dans l'embrassement : avant même de se rencontrer physiquement, par leurs noms déjà, Michel et Étienne s'embrassent, comme Arthur et Isabelle (« Il me regardait toujours avec le ciel dans les yeux ; moi aussi. Il a tenu à m'embrasser »).

Combien d'analystes interpréteraient encore comme homosexuelle la relation Montaigne-La Boétie, comme incestueuse celle d'Arthur avec sa sœur, selon une pensée qui se croit scientifique à tort puisqu'elle ne sait déchiffrer que les pulsions tandis que l'être humain, son objet d'étude, comporte *cœur, âme, esprit*, pour parler comme Marx ? Comment l'être parlant a-t-il pu se laisser emprisonner dans cette conception de l'homme ?

Il est vrai que les plus savants d'entre nous ne sont guère entrés dans la « sainte amitié ». Nous ne pouvons pas compter sur les maîtres de la psychanalyse : rien n'indique qu'ils aient jamais fait une telle expérience. Comment l'auraient-ils pu ? Elle n'a lieu qu'entre égaux. Ils étaient incroyants en Dieu, c'est vrai, mais peut-être s'agit-il d'une autre incroyance : l'incroyance en l'autre. Cherchaient-ils l'alliance ? Je ne le crois pas. Ils connaissaient son importance mais ils voulaient seulement, par science et technique, en extraire la force. Ils cherchaient sur l'âme humaine des vérités saisies à partir de l'autre qu'ils enseigneraient ensuite à leurs disciples et au monde.

Le monde que décrit le maître, comme l'ont été Freud et Lacan, ce monde est un désert d'autre, un pays où l'on se défie de la confiance. Ce monde est celui du maître. S'il avait abandonné sa maîtrise et cru en la rencontre, il aurait trouvé place parmi nous. « Ne vous faites pas appeler maître », l'évangéliste a donc raison.

Je cherchais un nom qui pût convenir pour nommer le lieu des rencontres. Pourquoi aller plus loin ? N'est-ce pas ce que nos merveilleux voisins appellent « ciel » ? Celui dont ils parlent n'est pas le séjour des dieux au-dessus de leurs têtes mais l'espace divin qui peut s'ouvrir entre les humains. Eux, les Rimbaud, et les Montaigne-La Boétie, ils ne sont pas dans le ciel, c'est le ciel qui est en eux. Ce mot « ciel » a changé de lieu, de sens et aussi de camp. Il n'appartient plus aux religieux mais aux amoureux. De même, le verbe « croire » peut être arraché des credos qui l'ont confisqué pour être rendu aux hommes, car il leur est indispensable : tant qu'on n'a pas dit un certain « Je crois », l'autre n'est pas possible.

Je vais vous dire quelque chose de grave, Simon : s'il y a un dieu qui guide les êtres les uns vers les autres, s'il y a un dieu au ciel de nos grands rendez-vous, il m'intéresse. À partir de ce lieu-là, je suis prête à réexaminer tous les textes, éventuellement à tout reprendre.

À bientôt, Simon. Je vais mieux. Une tasse de thé sur la terrasse la semaine prochaine ?

Ruth

Chère Ruth,

Le calme de l'abbaye aujourd'hui m'offre la joie de relire vos lettres et de m'installer en bibliothèque pour vous rejoindre dans vos lectures, vous répondre avant de nous retrouver.

Je reprends la lettre d'Isabelle Rimbaud. D'abord, un détail que je ne remarque qu'aujourd'hui. Les aumôniers sont venus trois fois au chevet d'Arthur. Les deux premières fois « il les avait reçus, mais avec tant de lassitude et de découragement qu'ils n'avaient osé lui parler de la mort ». Ceci doit être la version des aumôniers. Je croirais plus volontiers l'inverse : n'osant lui parler de la mort, les aumôniers, peu présents à lui, ne lui ont dit que des mots vides qui l'ont lassé et découragé.

La troisième fois, après la prière des sœurs pour la bonne mort de Rimbaud, l'aumônier ne se trouve plus devant une brebis égarée à ramener au bercail, mais devant un mourant. L'urgence le libère de la parole pieuse où sans doute il s'effaçait lui-même. Cette fois, il ne parle pas *de Dieu* à l'homme qu'il vient visiter, il lui demande s'il veut parler *à Dieu*, ce qui est tout différent. Et Rimbaud ouvre.

Cependant, la réponse à cette ouverture d'âme est navrante – c'est dans la suite de la lettre que je n'avais pas copiée pour vous : « Mais l'aumônier n'a pas pu lui donner la communion. D'abord, il a craint de l'impressionner trop. Puis, Arthur crachant beaucoup en ce moment et ne pouvant rien souffrir dans sa bouche, on a eu peur d'une profanation involontaire. Et lui, croyant qu'on l'a oublié, est devenu triste, mais il ne s'est pas plaint. »

Que de peurs chez ces pauvres prêtres !.L'aumônier a pourtant dit qu'il n'avait « jamais vu de foi de cette qualité » ! Comment se fait-il alors qu'on (?) craigne, en lui donnant la communion, d'impressionner cet homme d'une telle foi, qui, de plus, vient de faire la confession de sa vie ? Puis, qu'est-ce qu'une « profanation involontaire » ? Et voilà Rimbaud triste, « croyant qu'on l'a oublié » : quelle pitié !

Ruth, lorsque je vous ai envoyé la lettre d'Isabelle R., je n'avais pas visité ce gisement de paroles avec autant d'attention que vous. Vous y avez ramassé des diamants : le ciel dans les yeux, le croire, l'hospitalité fraternelle de l'âme, l'embrassement. Puis vous avez découvert un second gisement. Je ne sais comment remercier vos musiciens inconscients, Brassens, Montaigne et La Boétie, et vous-même qui vous êtes laissé guider par eux. Le passage des *Essais* que vous m'avez envoyé m'enchante – là encore, le croire, le ciel et l'embrassement – on n'attendait pas là ce mot, les deux personnes ne s'étant pas encore rencontrées.

Chez nous, le ciel dont vous parlez s'est effondré depuis plus de deux siècles, il a disparu de la culture. La plupart des gens ne connaissent sous ce nom que l'étendue où brillent le soleil, la lune et les étoiles. Ils seraient bien étonnés d'apprendre qu'il n'en a pas toujours été ainsi et que saint Grégoire, un pape du VIe siècle, a pu écrire : « Le ciel est l'âme du juste. »

Pouvez-vous imaginer l'importance dans les fondations de nos religions du lieu où vous êtes arrivée ? Le ciel-entre-nous, le ciel des relations, à partir duquel vous dites que vous pourriez tout reprendre, est à peu près partout dans les textes. Mais si le mot est là, ce n'est qu'une façon de parler pour la plupart des gens ; le ciel ne se rapporte à aucune réalité de leur vie. S'ils savaient...

Juste un exemple : dans le « Notre Père », sans doute la plus célèbre prière du monde, il y a deux mentions du ciel. Littéralement : « Père de nous, celui dans les ciels (...), que ton désir advienne comme en ciel et (aussi) sur terre. » Ce Père situé aux ciels n'est pas *notre* Père, au sens d'un Père à nous. Il est *Pater hêmôn ho en tois ouranois* : Père de nous, celui dans les ciels. Le Père des hommes en relations, et non le dieu de l'individu. Que son désir advienne – désir de Père qu'adviennent des fils – comme au ciel et aussi sur la terre : ce que je comprends ainsi : qu'advienne ce qui a lieu au ciel sur terre.

La traduction « sur la terre comme au ciel » – propre à notre langue – a donc inversé l'ordre en faisant passer le mot terre avant le ciel. Qui entend encore, ou déjà, que l'humanité commence en ce ciel ? Pourtant, dans cette prière où les hommes, reconnus d'emblée fils d'un Père céleste, vont découvrir qu'ils sont par là même frères de ciel, ne rejoignons-nous pas nos quatre amis, leur fraternité et leur assurance d'avoir lieu en ce *nous* qu'un certain Dieu rend possible ?

Parfois, c'est à pleurer de nous voir si pauvres et malheureux alors que moisissent dans nos caves et nos greniers de telles richesses, tandis que nous nous croyons les plus nantis des peuples.

Je reparcours à mon tour « De l'amitié », cette amitié que les anciens tenaient pour impossible aux femmes, rappelle Montaigne. Quant à lui, il a cette formule : « ce sexe par nul exemple n'y est encore pu arriver... » J'aime qu'il le regrette, et l'espère avec son « pas encore ». Quant à moi, chaque fois qu'un homme considère une femme comme son égale dans la parole, je pense qu'il reçoit l'*aide* (*ezer* en hébreu) que Dieu a placée en *vis-à-vis de lui* au commencement. Et savez-vous ce qu'est cette *aide* de la femme ?

Le mot est le même que celui qu'on trouve partout dans la Bible pour dire le secours que Dieu porte à l'humain en danger mortel. « Le secours me vient de YHWH qui a fait le ciel et la terre », Ps 12, 2. Vous voyez, Mozart avait raison : la femme du Comte et l'Agneau de Dieu, même secours, même chant.

... À moi aussi, il arrive des messages, comme dans votre cuisine. Avant de terminer cette lettre, je voulais juste ranger les livres. En reposant les *Essais*, je découvre sur l'étagère des *Lettres de Montaigne* et je tombe sur celle où il raconte la mort de La Boétie à son père (comme Isabelle raconte celle d'Arthur à sa mère). Encore un joyau. Écoutez.

Je résume ce qui précède : Étienne de La Boétie, trente-deux ans, brusquement malade – peut-être la peste –, après trois jours, n'a plus que quelques heures à vivre ici-bas. Il a eu le temps de dicter son testament, de faire ses adieux – et quels adieux ! – particulièrement à l'oncle qui lui a servi de père et à sa femme. La mort est maintenant toute proche. Protégeant sa femme de ses propres souffrances, il ne veut plus auprès de lui que son ami Michel :

> *« Mon frère, me dit-il, tenez-vous auprès de moi, s'il vous plaît. »*
>
> *Et puis, ou sentant les pointes de la mort plus pressantes et poignantes, ou bien la force de quelque médicament chaud qu'on lui avait fait avaler, il prit une voix plus éclatante et plus forte, et donnait des tours [se retournait] dans son lit avec tout plein de violence, de sorte que toute la compagnie commença à avoir quelque espérance, parce que jusqu'alors la seule faiblesse nous*

l'avait fait perdre. Alors, entre autre chose, il se prit à me prier et reprier, avec une extrême affection, de lui donner une place, de sorte que j'eus peur que son jugement fût ébranlé. Même que lui ayant bien doucement remontré qu'il se laissait emporter au mal, et que ces mots n'étaient pas d'homme bien rassis, il ne se rendit point au premier coup, et redoubla encore plus fort : « Mon frère ! mon frère ! me refusez-vous donc une place ? »

Jusqu'à ce qu'il me contraignît de le convaincre par raison, et de lui dire que, puisqu'il respirait et parlait, et qu'il avait corps, il avait par conséquent son lieu.

« Voire, voire [c'est vrai], me répondit-il alors, j'en ai, mais ce n'est pas celui qu'il me faut ; et puis quand tout est dit [pour tout dire], je n'ai plus d'être.

– Dieu vous en donnera un meilleur bientôt », lui fis-je.

Montaigne veut raisonner le malade : il a un corps puisqu'il respire et parle, et ce corps est son lieu. La réponse du mourant défait brusquement le sens du mot « corps » pour en ouvrir un autre, totalement mystérieux : « C'est vrai, j'en ai, mais ce n'est pas celui qu'il me faut. »

Le corps qu'il lui faut n'est pas celui qui meurt, mais un autre, « une place » de frère chez son frère. (« Mon frère, mon frère, me refusez-vous donc une place ? »)

Lorsqu'il prie et reprie ainsi, ne fait-il pas la même requête que Rimbaud ? Celui-ci demande à sa sœur *la même âme* (« Nous pouvons bien avoir la même âme... »). Les termes « place », « âme », bien qu'ils soient différents, désignent, me semble-t-il, la même chose : le lieu de soi avec l'autre. Lieu hors du visible, au-delà des mots.

Alors qu'Isabelle Rimbaud se laisse conduire souplement jusqu'à ce lieu, Montaigne se montre rationnel, sourd et lourd. Et quand il est sommé de donner place, de donner corps, il se défausse et laisse à Dieu ce soin : « Dieu vous en donnera un meilleur bientôt. » Il faut reconnaître que cette *place* lui est demandée sans préparation ou presque – trois jours – tandis qu'Isabelle a passé trois mois au chevet de son frère. Lieu de l'autre en son âme, le ciel a eu le temps de grandir.

Impossible pour moi de ne pas penser alors à cet homme qui, la veille de sa mort à Jérusalem, demanda lui aussi à ses amis de lui faire en eux-mêmes une place, en recevant, par le pain et le vin, son corps et son sang... La jonction des paroles de la Cène avec celles des deux dialogues que nous relisons est trop nouvelle pour moi. Le passage n'est pas frayé, c'est trop grand. Heureusement, l'office commence à sonner.

Ruth, je ne sais pas où nous allons ainsi. Et c'est très bon signe. *« Para ir a donde no sabes, tienes de ir por donde no sabes »* (je cite de mémoire : « Pour aller où tu ne sais pas, il te faut aller par où tu ne sais pas », Jean de la Croix).

Comment se quitte-t-on, et se quitte-t-on vraiment, lorsqu'on aperçoit ensemble l'entrée du ciel ?

Simon

VII

Ruth commençait à relire la dernière lettre de Simon lorsqu'elle entendit une voiture se garer devant le chalet. Dan arrivait. Seul. Un des rendez-vous qu'il devait avoir avec une personnalité de la région avait été reporté. Il se trouvait libre de venir dès le jeudi au chalet. Ne voulant pas la réveiller à cette heure, il n'avait pas téléphoné.

Il proposa à Ruth de s'installer sur la terrasse.

– Le soleil va nous faire du bien, dit-il. Il nous faut plus de lumière.

– « *Mehr licht...* » Plus de lumière, le dernier vœu de Goethe, si je me souviens bien. Tu veux de la lumière, au singulier ?

– Ah, ça oui, s'exclama le journaliste. Les Lumières ne me seront d'aucun usage ce matin. Parfois, et c'était le cas hier, je n'en peux plus de vivre dans des lieux où presque tout est fait ou refait par nous – le sol, les murs, le toit, la lumière, la chaleur et même l'air que nous respirons. Ce matin, sur cette terrasse, il n'y a presque ici que le soleil ; il brille sur nous sans nous. Quel repos !

– Votre maison aussi est un repos. Je m'y suis trouvée incroyablement bien tous ces jours.

– Pourtant, tu étais malade.

– Une malade soignée par votre merveilleuse voisine comme je ne l'avais pas été depuis mon enfance. Être malade ainsi, c'est guérir de tout le reste... Cela ne nous est jamais arrivé d'être ici sans Noémie, n'est-ce pas ? dit-elle après un silence.

– Non, en effet. Occasion rêvée pour que je te dise des choses qu'elle réprouverait sans doute.

– Ah bon ? Comment dois-je le prendre ?

– Comme la parole d'un homme fatigant, d'abord pour moi-même. Un homme jamais posé qui bouscule les autres. Un jour tu m'as parlé de ma « philosophie de voyou. » Ça m'a bien plu.

– Tu as donc quelque chose à me dire ? reprit Ruth.

– Hier, sur la route, c'était clair, j'aurais dû l'écrire. Maintenant, je ne sais pas par où commencer, ça s'est brouillé.

– Eh bien, prends le premier chemin de pensée qui se présente. Par quel mot commence-t-il ?

– C'est drôle, ce que tu me proposes. Un truc de psychanalyste évidemment. Attends un peu... Voilà les premiers mots qui apparaissent : « amitié féminine »...

Un silence encore, puis il se lança.

– Tu sais certainement combien un homme peut se sentir balourd auprès de la femme qu'il aime quand il perçoit la subtilité des amitiés qu'elle peut avoir avec d'autres femmes, amitiés pour nous souvent bouleversantes. Nous sommes capables d'autres choses, pas de cette finesse-là. Il y aurait même parfois pour nous, les compagnons, de quoi être jaloux. Mais quand des amies nous accueillent entre elles comme vous le faites, Noémie et toi, alors nous ne sommes pas malheureux de vous, bien au contraire.

– Et ce matin, tu voudrais parler non pas à Ruth seulement mais à l'amitié de Ruth et Noémie ?

– Voilà.

Dan savoura : « En deux minutes, elle arrive là où je l'attendais. »

– Quand j'ai rencontré Noémie, reprit-il, elle se présentait comme d'origine juive – même s'il y avait des femmes non juives dans sa généalogie. C'était aussi mon cas. Agnostiques tous les deux, on s'intéressait bien aux spiritualités en général, mais comme à bien d'autres choses, d'assez loin. Depuis, pour elle, les choses ont bien changé. Un de ses meilleurs amis, Simon, que tu connais maintenant, est un moine catholique qui lit l'hébreu. Apparemment, il n'a voulu ni la convertir au christianisme, ni même – c'est un genre que se donnent aujourd'hui les curés – la renvoyer à son judaïsme. Apparemment, dis-je. Car le résultat est là : en matière de religion, Noémie est passée de zéro à deux.

– Explique-moi un peu en quoi elle a deux religions.

– Eh bien, après avoir lu des textes de la Bible, la Bible juive, voilà qu'avec son moine et d'autres elle se met à lire en même temps des textes du Nouveau Testament qui soi-disant correspondent à des textes bibliques. Elle en parle avec enthousiasme à ceux qu'elle rencontre, y compris nos amis juifs qui ensuite viennent me trouver avec de drôles d'airs : alors, il paraît que ta femme se convertit au christianisme ? et toutes sortes de questions, souvent désagréables pour moi, auxquelles je suis incapable de répondre. J'ai essayé d'en parler avec Noémie : elle ne peut guère m'aider parce que, dans son allégresse, elle ne voit pas le problème. Elle prétend même que rien n'est plus dangereux pour un juif que de vivre dans un pays où juifs et chrétiens – et aussi musulmans – ignorent les correspondances de leurs textes. Moi, je ne comprends pas et je ne vois pas comment insister sans la blesser. En attendant, je suis perdu. Je ne sais plus très bien où nous nous trouvons sur la carte des hommes et des dieux, ni sous quel régime, selon quelle loi, je me trouve allié à cette femme dont je persiste à être amoureux.

– Qu'est-ce qui t'inquiète ?

– Qu'elle devienne quelqu'un comme j'en connais, qui sont à la fois dans plusieurs cultures, dans plusieurs croyances, et partout étrangers. Qui finalement n'observent plus aucune coutume sous prétexte qu'ils s'intéressent à toutes. Ou bien qui en observent plusieurs dans une grande confusion. Leurs enfants ne savent plus où ils poussent. Et le mari ne sait plus où cette aventure le situe lui-même.

– Je crois comprendre que si Noémie traverse des frontières religieuses entre juifs et chrétiens, elle les fait en même temps apparaître à tes yeux, ces frontières. Et ce n'est pas aisé pour toi. Tu es inquiet aussi pour les jeunes de vos familles, vos enfants en premier lieu.

– C'est vrai. Les enfants, on ne les avait inscrits nulle part pour qu'ils puissent choisir un jour. Je ne suis pas aussi certain maintenant que nous ayons bien fait, car finalement ils ont la même religion que presque tous ceux qui ont vingt ans aujourd'hui : l'ignorance. Mais du moins, ils ne mélangent pas tout. Et moi, je veux rester un juif laïque avec des opinions de toutes sortes, sans être embarqué dans les affaires de religion. Pour Simon, les choses sont tout à fait différentes. D'abord, il vit ici, loin de tout, protégé par sa communauté. S'il lui prend l'envie de se balader entre les croyances, de célébrer entre deux temples, ça n'a pas grande importance ; il a les pieds dans son clos, personne ne remarque où campe sa tête, sauf ses frères moines qui sont eux-mêmes des originaux. Et le monde, pour le moment du moins, leur fiche la paix. Dans une démocratie comme la nôtre, la majorité ne demande pas compte du détail de leurs folies à des gens dont elle estime que la vie tout entière se déroule selon une doctrine et une forme dépassées, pourvu qu'ils vivent hors du monde et ne se mêlent pas des affaires publiques. Mais pour Noémie et moi, il en va tout autrement. Nous sommes dans une des zones les plus exposées au regard. Ce rapprochement des textes des deux Testaments, comme ils disent, j'imagine bien que ça puisse être passionnant. Seulement j'ai peur qu'un jour, nous ne sachions plus qui nous sommes et surtout que personne ne sache plus où nous situer. Que les gens nous classent nous aussi dans la marge et ne nous fassent plus confiance (j'ai vu de telles dérives se faire). Or, en tant que journalistes déjà, ce serait difficile à vivre, mais en tant que juifs, c'est dangereux. Et puis, tu as raison, moi je ne sais pas répondre de ça.

– Lorsque Noémie n'avait aucune religion, était-ce plus facile ? demanda Ruth.

– Bien sûr ! Chez nous, dans les milieux de la presse, de l'édition – disons : les marchés de la culture –, c'est au contraire si tu n'as aucune conviction particulière en matière de morale et de religion que tu ne choques personne. Une teinture aux droits de l'homme, un badigeon d'idées démocratiques et c'est bon.

– Tu es sévère pour ta profession, répliqua Ruth. Car si j'entends bien le badigeon, la teinture, ce ne sont pas les idées que tu ne supportes plus, c'est la hâte de la pensée.

– Oui, la hâte et le mépris de l'autre qui, je ne sais pas pourquoi, va toujours avec.

– Et en même temps tu n'imagines pas notre monde sans la presse...

– Évidemment. Pour revenir à mon souci, à force de tourner la question des religions de Noémie dans ma tête sans parvenir à lui faire comprendre mes interrogations, je me suis dit qu'il fallait que j'aie une entrevue avec Simon.

– Qu'est-ce que tu éprouves, toi, envers lui ?

Dan réfléchit.

– Au fond, de l'estime, et même quelque chose de plus chaleureux. C'est un type qui vit sur le mode de la quête depuis sa jeunesse et j'aime bien ce genre de folie...

La phrase restait en suspens.

– ... philosophique ? proposa Ruth.

– Oui. Je ne dirais pas qu'on est entre voyous, car

lui, c'est un seigneur dans son genre. Peut-être d'ailleurs est-ce ce côté seigneur qui m'intimide et me fait hésiter à le rencontrer directement, comme le braconnier se cache lorsque le chasseur passe. En même temps, ça m'agace de ressentir cela. Voilà où j'ai besoin de ton aide, Ruth. Est-ce que tu accepterais une rencontre à trois, Simon, toi et moi ?

Ruth resta un instant silencieuse avant de répondre :

– Je crois que oui. Tu demandes cela au bon moment : entre Simon et moi, la parole est suffisamment établie maintenant. Ce serait décidément une rencontre de relations.

– Tu veux dire que les relations peuvent s'entraider ? Que l'amitié entre Noémie et toi, l'amitié entre Simon et toi peut venir en aide à la relation entre Noémie et moi ?

Il s'arrêta un instant, puis d'un ton gouailleur ajouta :

– C'est beau comme un prêche, ce qu'on dit là.

Elle le regarda un instant avec douceur.

– Ça t'ennuie encore d'avoir un cœur, n'est-ce pas ?

Dan se leva, lui toucha l'épaule en passant et dit :

– J'appelle Simon. Pourvu qu'il ait un moment de libre avant l'arrivée de Noémie demain soir.

Il rentra téléphoner.

– Pas de chance, annonça-t-il en revenant. Simon ne peut pas venir d'ici demain soir. La seule possibilité pour lui, c'est de nous recevoir cet après-midi pendant sa permanence au standard de l'abbaye. Il propose que nous venions tôt parce que les gens appellent moins à l'heure de la sieste ! Seulement, cela suppose que je t'emmène dehors – tu es à peine rétablie – et au monastère où je pense que tu n'as pas encore mis les pieds.

– Je vais mieux, sortir n'est pas un problème, assura-t-elle. Mais pour le monastère, je le reconnais, je n'avais aucune intention d'y aller avant mon départ d'ici.

– Est-ce que tu redoutes quelque chose ?

– Tu n'auras pas de peine à imaginer ce qu'une petite-fille de déportés peut éprouver devant ces communautés dont certaines ont longtemps caché des personnages redoutables, n'est-ce pas ?

– D'après ce qu'on m'a dit, l'abbaye d'ici s'est plutôt associée aux protestants de la région, cacheurs de juifs.

– Je ne savais pas. Je n'ai pas osé – pas voulu non plus – interroger Simon à ce sujet. Il est vrai que tout ça s'est passé bien longtemps avant qu'il n'arrive. Et puis, est-ce qu'on apprend l'hébreu sans être un peu ami d'Israël ? Ce serait à n'y plus rien comprendre. Pourtant, je n'imagine pas un monastère catholique pourvu d'une hôtellerie refusant de recevoir quelqu'un en raison de son passé. Et si je les imagine accueillant tout homme comme un homme, je peux trouver à un tel accueil une certaine grandeur en tant qu'être humain, mais en tant que juive, cette grandeur-là me gêne beaucoup.

– J'imagine moi aussi – mais sans doute est-ce seulement du rêve – des moines recevant un criminel de guerre, non pour le cacher, mais plutôt pour l'aider à prendre conscience de ses crimes. Travail qui a été peu fait en Europe après les barbaries qui se sont rajoutées aux guerres, il faut le dire.

– C'est vrai. Tu crois ces moines capables d'une telle transformation ?

– Je rêve probablement. Cela me rappelle un reportage que j'ai fait sur une association de visiteurs de prisons qui croient à un sauvetage possible des hommes perdus. Ils prétendent qu'il y a deux étages à la justice. Le premier s'appelle « surveiller et punir », c'est le travail de la police et des tribunaux. Ils travaillent, eux, au second : amener l'injuste à la justice, reconduire le criminel jusqu'à son crime, l'accompagner jusqu'à son propre cœur. L'un d'eux m'a d'ailleurs cité cette phrase des Pères du désert : « Aie un cœur et tu seras sauvé. » Ils n'en sont pas ennuyés comme moi... Mais nous avons quitté notre question. Pour le rendez-vous avec Simon au monastère, quelle est ta réponse ?

– Écoute, Dan, j'ai trois craintes. La première est une peur d'enfant. Elle peut se calmer – ils ne vont pas me manger, je suppose.

– D'où l'intérêt pour toi d'y aller avec un costaud comme moi, dit Dan. Et puis, un juif, c'est un juif, mais deux juifs, c'est une alliance. Que peut le diable ?

– C'est toi qui dis cela ?

– Ne te moque pas de mon cœur, maintenant. Je crois souvent ne pas croire, mais si un juif est en danger, je convoque sans hésitation l'Éternel et toute l'armée céleste. Continue. Ta seconde crainte ?

– Elle concerne Simon et moi : sera-t-il le même

au monastère qu'ici sur cette terrasse ? Serai-je moi aussi présente ou bien vais-je rester sans pensée et sans voix ? Auquel cas, je ne te servirai de rien. C'est un risque à courir, pas très grand. Et puis, il faudra bien qu'un jour je me décide à y aller. La troisième crainte...

Elle hésita.

– ... c'est que Noémie ne vive pas bien cette visite. Envisages-tu de lui en faire part ?

– Bien sûr, tout de suite. Je pensais lui demander son accord dès que j'aurais obtenu le tien et celui de Simon. Seulement, je ne voulais pas le faire trop à l'avance pour qu'elle ne subisse pas longtemps ce genre d'attente qui fait gonfler l'imagination. Que je puisse la rappeler vite pour lui raconter. La rassurer.

– En fait, tu es sûr de ton coup, dit Ruth en riant.

– Je crois qu'au fond, je suis sûr de vous trois, Noémie, toi et Simon. De moi, je suis moins certain. J'ai une deuxième raison de vouloir rencontrer notre ami moine – là ce n'est plus le mari ni le père, c'est le journaliste qui parle. Nous vivons dans le pays le plus visité du monde : « Heureux comme Dieu en France », disent nos voisins. Comment se fait-il donc que les Français aient à ce point mal à l'âme qu'ils tiennent le record des médicaments psy, qu'ils soient l'un des peuples les plus suicidaires...

– ... et les plus psychanalysés de la terre ? acheva Ruth.

– Oui, en plus. Peut-être que je simplifie les choses, comme souvent dans ma profession, mais je me dis ceci : dans ce pays tout de même magnifique, cet État parmi les plus laïques du monde, nous sommes libres : plus de dieux, de rois, de maîtres imposés. Alors, où est l'erreur ? Faut-il donc des mythes, de l'invisible, du merveilleux pour supporter la vie sur cette planète ? Nous sommes avec nos Lumières au degré zéro de la consolation ; comme si – depuis quand ? la Révolution ? – un trou s'était formé dans la couche d'ozone symbolique qui filtrait les rayons. Nous sommes exposés sans interprétation aux mystères de la vie, sans liturgies d'apaisement devant la mort. Et lorsque je vois des jeunes cherchant à qui se vouer et ne trouvant plus de disponible que le diable, je m'inquiète fort.

– Moi aussi, dit Ruth. À propos de la Révolution, je m'interroge sur une culpabilité française refoulée, jamais vraiment repensée, il me semble. La liberté est notre première valeur. Bien. Très bien même. Question : par quel moyen y parvenir ? Se libère-t-on du père par le meurtre du père, du roi par le meurtre du roi ? Freud le croit. Moi, non : celui qu'on tue, on l'avale... Mais, pour revenir au trou dans le ciel, qu'attends-tu des moines à ce sujet ?

– Oh, rien de concret. Ils doivent déplorer cela encore plus que nous. Je ne cherche peut-être que des compagnons d'interrogations sur ce qui nous arrive... Enfin, il y a une dernière chose dans mon désir de parler avec Simon. Je voudrais comprendre une énigme qui me trouble et que j'ai à moitié formulée. Je me place maintenant du point de vue de nos origines, de nos pères. Quelle que soit leur religion, nos ancêtres à tous ont été des croyants, c'est indéniable.

Même si nous ne croyons plus, nos racines sont croyantes. Et toujours incompatibles entre elles. Après deux millénaires de mépris et de sang entre juifs et chrétiens, qu'est-ce qui nous pousse à nous parler ? Pourquoi nous recherchons-nous ? *Qui sommes-nous les uns pour les autres ?*

– Cette énigme se pose aussi à moi à présent, dit vivement Ruth. Jusqu'à il y a quelque semaines, je pensais suffisant de ne pas nous nuire. Et voilà que nos recherches se croisent au point que je me demande si nous ne sommes pas parfois sur un chemin unique, étrange, dont je ne vois le tracé sur aucune carte.

– Toi aussi, tu dis cela ? Au moins, Noémie aura à qui parler de sa dérive entre judaïsme et christianisme.

– Attends un peu. Je ne parle pas du judaïsme et du christianisme. Je parle de ce qui fait vivre quelqu'un comme Noémie et quelqu'un comme Simon, dont toi et moi, latéralement, nous sommes les interlocuteurs et même peut-être les bénéficiaires...

– ... embarrassés, l'interrompit Dan.

– ... et cependant plutôt heureux, non ? glissa Ruth.

– Oui, je pourrais dire aussi : d'un certain sens, plutôt heureux. Seulement, qu'on ne me demande pas d'en rendre compte à l'extérieur. Je ne vois pas ce que notre société pourrait comprendre à la joie qu'ils trouvent – et qu'ils essaient de nous communiquer – en lisant ces Écritures dont ils brisent allègrement les clôtures. Car pour les juifs, il n'y a aucun texte biblique au-delà du dernier prophète, et pour les chrétiens, « hors de l'Église, point de salut » – on n'entend plus cette formule maintenant, mais elle est peut-être toujours en vigueur. Alors, où se donner rendez-vous pour échapper à ces deux jugements définitifs ?

– Ici, dit Ruth sur le ton de l'évidence.

– Bon, d'accord, admit Dan à la fois riant et agacé. Mais où, ici ? Dans quel endroit nous trouvons-nous lorsque nous parlons ainsi ? Pas chez les juifs, pas chez les chrétiens, pas même chez les psychanalysés, même si nous sommes tous des baptisés du divan.

– Ah bon ? Simon aussi ? demanda Ruth, saisie.

– Il ne t'en a pas parlé ?

– Non... Est-ce que tu comprends pourquoi ?

Dan réfléchit :

– Aucune idée... Je ne crois pas rajouter à mon indiscrétion en te disant ce que Noémie m'en a dit : après la mort de sa femme, Simon a traversé un très sombre pays. Je suppose que c'est à ce moment-là qu'il a rencontré l'analyse. Mais il n'en parle guère. Une fois seulement il a évoqué cette expérience devant Noémie. Elle ne sait pas dire s'il en a été content ou non. Il semble ne pas savoir vraiment lui-même ce qu'il en pense. De toute façon, c'est son droit de ne pas en parler.

– Absolument. Reste qu'il semblait libre et confiant... À présent, je comprends mieux sa connaissance de Freud, qui émerge de temps à autre, et aussi, dans son écoute, une intelligence de l'inconscient qui ne me paraissait pas seulement « spirituelle ».

Le téléphone sonna. Dan alla répondre.

– C'était Simon, annonça-t-il en revenant. Un de ses jeunes novices propose de le remplacer cet après-midi. Il peut donc venir ici.

Ruth soupira.

– Oh ! C'était si dur pour toi d'aller là-bas ?

Ruth lui sourit sans lui répondre. Elle se leva et se dirigea vers la maison.

– Voilà qui nous laisse le temps d'un peu de repos pour puiser les forces dont, j'imagine, nous allons avoir besoin.

Ruth éprouvait le désir de se retirer, de se retrouver avec cette question nouvelle concernant Simon. Jusqu'à ce jour, la relation avec lui n'avait cessé d'avancer, dans les paroles dites, l'échange des lettres ; mouvement que la découverte de ce matin inversait. Ce Simon qui ne lui aurait pas fait assez confiance pour lui dire simplement qu'il avait l'expérience de l'analyse, qui était-il donc ? Et qui était-elle pour lui ? La blessure s'installait. En même temps, une autre voix en elle la refusait, plaidait la cause de Simon.

Elle décida de ne plus écouter, tant qu'elle serait seule, ces pensées contradictoires et s'endormit.

L'horloge de l'église venait de sonner deux heures, Simon arriva. Ils se rejoignirent tous trois sur la terrasse, échangeant des paroles d'usage, mais aucun ne s'assit. Ils se retrouvaient autrement, cette fois, et il fallait d'abord qu'ils se le signifient, qu'ils fassent un autre parcours sur cette terrasse.

Ruth était toujours perplexe. Confiance ? Méfiance ? Elle ne savait plus. Simon sentait dans l'attitude de Ruth un recul auquel il ne s'attendait pas et dont il ne pouvait deviner le sens. Il y avait du nouveau, mais quoi ? Était-ce lié à la demande de Dan ?

– Un café ? proposa Dan.

– Merci, dit Simon. J'en ai déjà pris un au monastère. Mais que cela ne vous empêche pas...

– C'est vrai que vous faites tout plus tôt que nous.

Dan suggéra de s'asseoir et Ruth servit le café.

« Qu'est-ce qu'il y a ici ? se dit Simon. De la peine ? De la colère ? »

– Écoute, Simon, commença Dan, je suis gêné, intimidé, embarrassé. J'ai voulu te parler sans Noémie et je suis heureux que Ruth soit là avec nous.

Les deux autres l'écoutaient attentivement.

« Tu crois qu'ils m'aideraient ! se disait le journaliste. Penses-tu, ils restent là à me regarder. C'est que je n'ai rien de profond à leur dire, moi. J'ai seulement à protester. »

Il saisit ce mot et se lança :

– Je proteste.

– Contre... ? demanda Simon.

– Contre toi, peut-être, dit Dan, jouant le monsieur fâché.

– Dis-m'en davantage, répondit Simon avec un étonnement sincère.

– Est-ce que tu te rends compte de l'effet que produisent les voyages que vous faites, toi, Noémie et les autres, à travers les frontières des religions ? Je le disais à Ruth ce matin. Moi, je ne sais plus où vous êtes. Chez les juifs ? chez les chrétiens ? Dans un fossé entre les deux ? Comme je vois bien que vous ne vous convertissez pas les uns les autres, je me demande si vous ne voulez pas revenir à un âge d'or, une mythique unité de la Bible avant les fractures de l'Histoire, ou inventer une nouvelle relecture des deux Testaments après l'islam. Êtes-vous en train de fonder un quatrième monothéisme ? Il vaudrait mieux que vous nous le disiez.

Simon sourit, et respira largement. C'était donc cela. Cela n'expliquait pas le recul de Ruth, mais la question de Dan commençait à apparaître.

– Et sur quoi exactement porte ta protestation ? demanda Simon.

– Sur la dérive possible de l'identité. Cela peut te paraître un peu mesquin, à toi qui as renoncé à la tienne, mais nous, dans le monde, comme vous dites, nous ne pouvons pas nous en passer.

Simon ne jugea pas opportun de commenter ce « toi qui as renoncé à la tienne » et répondit :

– Tu dis : « l'identité, nous ne pouvons pas nous en passer ». Qui, nous ?

– Je veux dire Noémie et moi.

– Et tu penses que nos lectures communes mettent en péril l'identité de Noémie, entre juifs et non-juifs, chrétiens et non-chrétiens ?

– Oui. Vous semblez croire que chaque religion va confirmer l'autre. Vision optimiste pour ne pas dire angélique des choses. Ce qui risque d'arriver, à mon sens, c'est bien plutôt une destruction générale. Non par violence mais par assimilation mutuelle. Jusqu'au jour où il ne restera plus rien qu'une sorte d'œcuménisme mou, vide de différence. Je n'aime pas les religions en général pour leur intolérance. Seulement l'excès inverse ne me rassure pas davantage. Je me demande : qu'est-ce qu'une religion qui n'exclut pas, qui ne s'estime plus supérieure aux autres ? Où va se cacher la détestation de l'autre qu'on a fait disparaître ?

– Ce n'est pas pour me défiler, Dan, répondit Simon, mais j'ai besoin d'aide pour te répondre. Si tu permets, je demande : qu'en pense Ruth ?

– Ce que j'en pense ? Moi aussi, j'ai besoin d'aide. Attendez une minute.

Elle alla chercher un livre épais qu'elle posa sur la table.

– Il arrive qu'une question soit la réponse à une autre. Voilà la mienne : quel sens donnez-vous à cette Bible, les « deux Testaments » traduits par un fils d'Israël d'une seule coulée, de la Genèse à l'Apocalypse en passant par les évangiles, les actes et les lettres des apôtres ? Cette reprise des textes chrétiens par un juif, est-ce la remise dans la matrice juive de l'enfant qui avait osé en sortir ? Est-ce, sous un signe apparemment amical, une garantie donnée aux persécuteurs, comme d'essayer de s'entendre avec les lions dans la fosse ? Ou est-ce un geste de vrai désir lancé vers l'autre et qui dépasse son auteur comme tout acte de désir ?

– Un geste prophétique, si vous me permettez de continuer, dit Simon, dont la signification ne se déploie vraiment que lorsqu'il est reçu et lu par ceux à l'intention desquels il a été inventé.

– Oui, tout à fait, approuva-t-elle. C'est ma façon de dire à Dan qu'il s'inquiète comme d'un danger nouveau de quelque chose qui a commencé avant nous. Sans produire la catastrophe qu'il redoute quant à l'identité des communautés. Du moins, jusqu'à présent.

– Merci, Ruth, dit Simon. Voilà un premier point. Comment te répondre encore, Dan ? Tu envisages la religion comme lieu d'identité – particulièrement lorsqu'elle risque de disparaître. Et maintenant que tu l'envisages ainsi – ce qui est sans doute nouveau pour toi –, tu redoutes la confusion, le mélange, la disparition. Tu as raison. Cependant, pour moi, les visites que peuvent se rendre les monothéismes n'en forment pas un quatrième. Elles cherchent plutôt un passage vers un autre niveau de chacune des religions. J'aimerais pouvoir te montrer qu'il y a peut-être moins de danger à faire ce que nous faisons, Noémie, les autres et moi, qu'il y en aurait à ne pas le faire aujourd'hui.

– Cette fois, ça y est : je suis tout à fait perdu, dit Dan en riant. Raconte-moi les deux niveaux des religions, que je ne meure pas athée d'un second dieu dont je n'aurais même pas entendu parler !

VIII

Avant de commencer à répondre à Dan, Simon s'excusa auprès de Ruth d'avoir à reprendre certaines choses qu'ils avaient déjà abordées ensemble.

La douceur dans la voix de Simon lorsqu'il évoqua leurs conversations fit revenir sur le visage de Ruth un peu de la lumière que Simon lui avait connue.

– Je veux bien réentendre ces choses, répondit-elle. Mais cette fois, j'y mettrai mon grain de sel.

– Je vous en prie, Ruth : sans ce genre de sel, ce genre de parole n'a pas de goût.

Le sourire de Simon se fit plus heureux. Il dit à Dan :

– Tu ne crains pas une petite excursion de trois mille cinq cents ans vers les origines ?

À ce moment, le téléphone sonna dans la maison. Dan alla répondre.

Ruth et Simon restèrent seuls sur la terrasse. Sans rien se dire, regardant ailleurs. Puis Simon se décida à parler :

– Il me semble qu'il y a un obstacle et je ne sais pas où.

– Un obstacle ? Sur quel chemin ?

– Je ne sais pas. Êtes-vous remise, à présent ?

– Oui, ça va.

Ruth ne se sentait aucune force pour aller au-devant de lui.

– Alors, où est la chose qui ne va pas ? Quelle que soit votre réponse, Ruth, je veux vous dire combien j'ai aimé vous lire et vous écrire ; ce que nous avons trouvé ensemble m'est extrêmement présent et précieux. Je n'ai pas perçu dans cet échange de lettres le moindre obstacle. Me suis-je trompé ?

Simon avait dit cela avec une expression d'enfant qui n'ose pas montrer une tristesse. Ruth finit par se laisser toucher. Sans le regarder d'abord, elle dit :

– Je vais vous dire ce qui ne va pas, Simon. Ce matin, sans penser que je ne le savais pas, Dan m'a dit que vous aviez fait une analyse.

Il voulut répondre immédiatement. Elle fit un geste de la main pour l'arrêter.

– Attendez. Vous n'étiez nullement tenu de m'en faire part, c'est évident. Seulement, je n'ai pas compris pourquoi, alors que sur tant d'autres sujets, vous étiez si libre de parler, vous m'aviez laissée croire que ce domaine-là vous était étranger. Ce qui m'étonnait, d'ailleurs, au fur et à mesure de nos conversations... Alors, j'ai pensé que je m'étais trompée sur la confiance entre nous. Et toutes nos paroles en ont été déplacées, même celles des lettres.

Aux derniers mots, elle avait tourné vers lui son regard.

– Laissez-moi vous raconter, Ruth : s'il y avait de

la défiance de ma part, elle était envers l'analyse – et envers moi-même ; pas envers vous. Voyez-vous, cette expérience m'a laissé des souvenirs difficiles à démêler. Quand nos rencontres ont commencé, vous arriviez en convalescence. Je ne voulais pas vous charger de mes perplexités, de mes protestations à propos de ce qui est aussi votre métier.

– Vous ne vouliez pas m'*impressionner* ? dit-elle plaisantant à demi.

– Possible, dit Simon. Mais contrairement à l'aumônier de Rimbaud, je ne visitais pas une mourante mais une revivante... Et plutôt une contestante qu'une confessante, ajouta-t-il avec un petit sourire.

Ruth acquiesça, souriant aussi :

– Je le reconnais. Maintenant, sachez que je serais très intéressée d'entendre votre opinion, ou plutôt vos opinions au sujet de la psychanalyse, si vous le voulez un jour.

– J'en parlerai volontiers avec vous.

Il y eut un autre silence. Puis Ruth entendit Simon murmurer quelque chose.

– Pardon ? fit-elle.

– « Mon frère, mon frère... »

Émue, elle le regarda intensément :

– Oh, Simon, si je vous ai refusé une place, c'est seulement lorsque j'ai douté que vous m'en ayez fait une.

Elle réfléchit un instant et ajouta :

– Peut-être est-ce toujours ce doute qui fait qu'on la refuse.

– Je voulais seulement ne pas vous envahir et vous

avez cru que je ne vous recevais pas. Me croyez-vous, maintenant ?

– Oui, Simon, je vous crois... Et cela suffit pour que le chemin vers la place se rouvre, dit-elle encore. Je suis étonnée qu'on puisse ainsi le retrouver, en trois mots replacés. Le bonheur n'est-il pas fragile ?

– Si, mais le ciel ne l'est pas.

Dan revint peu après en s'excusant.

– Il y a un instant, dit-il, tu m'annonçais une expédition de trois mille cinq cents ans dans le passé. Je n'imaginais pas qu'il faille remonter aussi loin pour me dire simplement ce que vous fabriquez lorsque vous lisez ensemble la Bible en deux Testaments. Enfin, si tu n'as pas de chemin plus court...

– Tu connais l'histoire d'Abraham. Il a obtenu de Dieu un fils – sa femme ayant été longtemps stérile. Et puis, un beau jour, Dieu vient lui demander de lui immoler ce fils. Tu sais aussi qu'Abraham commence par obéir à cette demande divine, qu'il se prépare à égorger Isaac avant de faire brûler son corps sur un autel. Et tu sais enfin qu'au dernier moment, Dieu arrête son bras : il voulait juste avoir la preuve de la soumission d'Abraham. Penses-tu que je viens de te résumer fidèlement cette affaire ?

– Oui, c'est bien ça. Jusque-là, je te suis.

– Eh bien, cesse de me suivre ! dit Simon.

– Comment ça ?

– Oublie d'où vient cette histoire. Oublie qui te la raconte et dis-moi : que penses-tu, toi, Dan, fils de...

– ... Claude.

– ... fils de Claude et père de Raphaël et d'Esther, que penses-tu d'une histoire pareille ?

– Ce que j'en pense, moi ? demanda Dan perplexe. Tu veux mon opinion, mon sentiment personnel ?

– Oui, insista Simon, ton sentiment brut concernant cet épisode, ton avis sans réflexion.

– Eh bien, je vais te dire ce que je pense immédiatement : c'est une pure horreur ! D'accord, ils sont tous les deux vivants à la fin, père et fils, mais je ne peux même pas dire que l'épisode finisse bien : qu'est-ce qui reste de la liberté d'Abraham avec, au-dessus de sa tête, un dieu capable de lui demander ne serait-ce qu'une fois une chose pareille ? Dans quelle perpétuelle menace vivra ce croyant ? Et de plus, si je me souviens bien, ce pauvre type est loué d'avoir été obéissant jusque-là. Obéir jusqu'à se sacrifier lui-même serait déjà le signe d'une complète aliénation, mais obéir jusqu'au meurtre de son propre enfant, c'est le pire du pire. Oui, si je cesse de suivre comme tu m'y invites toi-même et que je livre mon premier sentiment, je dis : il n'y a pas pire religion que celle-là. Si vous me permettez cette formule qui me vient à l'esprit : Abraham, le pire du père !

– Nous te permettons, n'est-ce pas, Ruth ? dit Simon qui appréciait toujours le parler vif de la colère.

– Pour moi, dit Ruth, la première énigme du monothéisme, c'est le succès de cette histoire. Apparemment, il s'agit d'un homme, d'un dieu, d'une alliance entre eux. Or, un des premiers effets de cette alliance, c'est qu'un être humain jusque-là pacifique devient apte à tuer son enfant. Dans un premier temps, je suis d'accord avec toi, Dan : Abraham, le pire du père. Je dirais même, en reprenant tes mots : le père du pire. Dans nos cultures, Abraham n'est-il pas considéré comme le croyant exemplaire ? Or, cet épisode fournit le modèle originel de toutes les dérives fanatiques, les intégrismes. Il ne nous enseigne pas, il nous endoctrine. Au mieux il pourrait nous renseigner sur la menace divine suspendue au-dessus de nous. Mais si je deviens croyante en ce dieu-là, l'avertissement ne passe pas : je lui donne raison d'avance. Comme tu viens de le dire, Dan, il peut tout me demander. Ma vie, et plus que ma vie : celle que j'ai donnée. Et même s'il me la rend, comment oublierais-je qu'il a été capable de me la demander ? Si un fils – le plus précieux – a pu être l'objet du sacrifice, tout, un jour, pourra l'être. Où est ici le salut du genre humain ? C'est sa perte radicale au contraire.

Simon écoutait, une expression indéchiffrable sur le visage. Ruth cherchait les mots qui le feraient revenir.

– Les autres dieux nous coûtaient moins cher, dit-elle.

– Ça, je n'en suis pas certain, dit Simon dont le regard se ranima. Iphigénie...

– Ah, j'oubliais Agamemnon et sa fille, le coupa Ruth vivement. Du moins, le sacrifice était-il demandé seulement par l'un des dieux – une déesse – et non par le dieu unique. Et il avait un sens.

– Attendez, vous deux. Je ne vais pas vous laisser filer comme ça dans la mythologie grecque. Expliquez-moi d'un mot pourquoi il fallait sacrifier Iphigénie ? demanda Dan.

– Pour réparer un manquement d'Agamemnon envers la déesse Artémis, pour autant que je me souvienne, expliqua Ruth patiemment. En lui immolant sa fille, Agamemnon, le chef de l'armée grecque, apaiserait la déesse qui cesserait alors de retenir les vents ; la flotte grecque pourrait partir à la guerre contre Troie.

– Veux-tu dire, en fait, que tous les sacrifices ont un intérêt, un but ?

Ruth approuva d'un signe de tête et poursuivit :

– Même le plus parfait tyran ne tue pas sans fournir une raison : au moins punir ceux qui lui désobéissent. Tandis que la mort d'Isaac n'expiera aucune faute humaine, n'achètera aucune faveur divine.

– Je n'y avais jamais pensé, dit Simon.

– On est ici dans l'arbitraire pur, poursuivit Ruth. Comment l'homme qui croit en ce dieu traitera-t-il tous les autres, son voisin, son prochain, sans parler de l'étranger, après qu'il a pu envisager de traiter ainsi son enfant ? Si l'accès au divin passe par là, on comprend qu'on y renonce, qu'on se bouche les oreilles plutôt que d'entendre une telle voix. Beaucoup de gens – et de plus en plus nombreux – s'en sont écartés. Mais en fait, a-t-on jamais cessé d'enseigner et d'honorer cette macabre mise en scène ? Non, n'est-ce pas ? Parmi ceux qu'on a dits fils d'Abraham, combien y sont encore, que la raison n'a pas délivrés ?... Voici ma plaidoirie en tant qu'avocate de Dan.

– Merci, maître, c'est parfait, plaisanta celui-ci. Je ne vois même pas ce que Simon va pouvoir répondre.

Ruth se carra dans son fauteuil et croisa les bras, comme rassemblant son corps pour un débat qui s'annonçait serré.

Car Dan maintenant était lancé, engagé dans un procès dans lequel il ne s'attendait pas à être aussi fort.

– Quelle imprudence, Simon, quelle superbe imprudence d'avoir choisi cette entrée-là ! Je te pose une petite question qui n'avait rien d'universel, et toi, pour me répondre, tu mets en jeu la pièce maîtresse, la fondation du temple monothéiste. C'est follement généreux de ta part. Mais si tu ne peux pas sauver la tête du père des croyants, alors toutes les autres tomberont. Si tu ne justifies pas cette page de la Bible, tant pis pour les deux mille qui suivent. On refermera le livre. La raison aura eu raison, au moins sur cette terrasse, du dieu unique.

Simon ferma les yeux quelques secondes, intensément. Puis, à l'étonnement de Dan, les rouvrit tout à coup : un sourire de paix sur les lèvres, il poussa un profond soupir comme lorsque, après une longue marche, on voit enfin le but.

– Ce que vous dites là me pose question, dit-il doucement. Est-ce la raison qui peut nous délivrer de ce dieu-là ? Ou bien la phrase si ambiguë de Heidegger que Ruth évoquait l'autre jour – « seul un dieu peut encore nous sauver » – pourrait nous servir ici. Elle n'aurait besoin que d'un mot de plus pour être celle d'Abraham et de son fils.

– Quelle phrase ? interrogea Dan avec une certaine méfiance, soupçonnant pendant une seconde Simon de vouloir éviter la lutte.

– Seul un *autre* dieu peut encore nous sauver, dit Simon.

– Voilà précisément le plus révoltant, reprit Dan. Pour autant que je sache, ceux qui croient au dieu d'Abraham ne se sont pas révoltés. Voilà. Tu as bien dit. Et c'est justement le plus grave, Simon : *ils n'ont pas réclamé un autre dieu*.

– Les juifs, si, et dans le texte..., commença Simon.

Dan ne put le laisser poursuivre :

– Pas tous les juifs, tu me l'accorderas, ou bien ce n'est pas parvenu jusqu'à moi. Et les chrétiens moins encore : pour eux, Dieu a voulu que le sacrifice aille cette fois jusqu'à la mort effective du fils. Quand on parle de l'« obéissance d'Abraham », c'est celle qui lui fait prendre son gosse et son couteau, et monter sur la montagne, n'est-ce pas, c'est bien celle-là qu'on donne partout en exemple ? La plupart des croyants acceptent cette cruauté au nom de la foi, ce qui veut dire sans doute en renonçant à comprendre. Et les plus convaincus se font le porte-parole de ce dieu sadique auprès des incroyants dans mon genre – sans succès d'ailleurs. Comment sortir de là ? La libération, moi je la trouve dans le refus de croire et le salut dans la fuite au plus loin d'un tel salut.

– Bien des chercheurs et des thérapeutes, intervint Ruth, considèrent ce dieu comme issu d'un imaginaire archaïque, et le reconnaissent comme un des plus puissants ennemis intérieurs de l'âme humaine.

– Si tel est le cas, dit Simon, comment expliquer que, pendant si longtemps, ces chercheurs et ces thérapeutes ne se soient pas intéressés à cet épisode pourtant central pour nos civilisations ? Freud, qui n'a pas craint d'affronter le monothéisme, saute la Genèse et les patriarches pour faire commencer la foi monothéiste avec Moïse dans l'Exode. Curieux déplacement d'origine.

– C'est vrai qu'il ne parle jamais d'Abraham, admit Ruth. Mais qui en parlait parmi les scientifiques de son temps ? Aucun de nos savants n'a pensé qu'une telle histoire, qu'ils croyaient connaître, puisse prêter à d'autres lectures et concerner encore l'homme moderne. Freud ne s'est pas attelé non plus au récit de la création. Mais quel grand homme de science est revenu sérieusement à ces textes après Darwin ? Puisque désormais on « sait bien » que la terre n'a pas été créée en six jours, on sait aussi ce qu'il en est du sacrifice d'Abraham. Pour la plupart, c'est une affaire classée qui repose dans la poussière des mythes et le silence des musées.

– Suffit-il de classer une affaire pour détruire un dieu ? reprit Simon avec une patiente obstination. Quant à l'interprétation de la mort de Jésus comme accomplissant jusqu'au bout le sacrifice voulu par Dieu, elle est parfaitement mortifère, mais à mon sens elle peut être renversée elle aussi.

– Dans quoi nous sommes-nous lancés, mes amis ? intervint brusquement Dan. C'est fou, n'est-ce pas ?

– Oui, répondit Ruth, et alors ?

– Bon, admit-il. Là où nous en sommes, je veux qu'on m'explique en quoi la foi aveugle d'Abraham est une religion. Si le but de Dieu est seulement de vérifier son emprise sur un homme, où voyez-vous qu'il s'agisse d'une épreuve de foi ? Cela ne mesure, à mon sens, que l'aptitude au fanatisme de ce pauvre type. Quant à ce dieu, s'il sait d'avance qu'il ne va pas laisser la soumission aller jusqu'au meurtre, ça ne fait de lui, au mieux, qu'un roi de la manipulation.

– J'ajoute ceci à ta question, enchaîna Ruth. D'où vient ce dieu sanguinaire ? D'autres l'ont-ils inculqué aux juifs ou bien loge-t-il dans nos têtes à tous ? Si c'est le cas, alors vous avez raison, Simon, il ne suffit pas de nous en désintéresser pour nous en débarrasser.

– Je reviens à l'énigme du succès monothéiste, reprit le moine. Il faut en effet qu'un tel récit corresponde à quelque chose de très puissant pour que des civilisations entières s'appuient sur lui et que la descendance d'Abraham soit aujourd'hui, comme il lui a été promis, aussi nombreuse que les étoiles du ciel. Ce succès est assurément un échec pour la raison : elle aurait dû se débarrasser d'une telle histoire depuis longtemps. Aussi peut-on penser que la clef n'est pas seulement dans la révélation divine, mais aussi en l'homme, en ce qui échappe à sa raison : ce qui en lui désire, ce qui a peur.... L'obéissance meurtrière n'existe-t-elle que chez les croyants de ce dieu ou bien est-ce une des composantes de la vie psychique, comme vous diriez ? Comment est donc faite l'âme humaine pour qu'une histoire pareille la touche autant ?

– Les exemples de soumission meurtrière ne manquent pas, fit Ruth, mais il me semble qu'aucune n'atteint ce degré de cruauté sans être appelée « folie ». Or, dans la Genèse, le narrateur ne prête à Abraham aucun signe de déraison ni d'extrême souffrance qui aurait pu le rendre fou. Au contraire, l'épisode du sacrifice se situe dans un moment heureux, n'est-ce pas, Simon ?

– C'est vrai, l'épisode du sacrifice vient peu après le banquet du sevrage d'Isaac, qui est une fête. Pourtant, c'est aussi le jour où Abraham perd son premier fils.

– Attends, Simon, l'interrompit Dan, j'ai conscience de demander à un prof d'université un cours de rattrapage en bande dessinée, mais un petit résumé des épisodes précédents me permettrait de m'y retrouver dans ces chicanes familiales.

– Imagine le banquet donné pour l'arrivée d'Isaac parmi les enfants qui ne tètent plus – et j'ajouterai sans doute aussi qui parlent. Et puis, tout à coup, Sarah sa femme dit à Abraham : « Chasse cette servante et son fils, que le fils de cette servante n'hérite pas avec mon fils Isaac. » Ce qu'elle appelle avec quelque mépris « le fils de cette servante », c'est le premier fils d'Abraham, celui qu'elle lui avait demandé de faire avec sa propre servante, Agar, du temps de sa stérilité. Ça, tu t'en souviens peut-être ?

– Oui, d'accord, c'est l'affaire d'Ismaël. Une mesquinerie de femme ou est-ce autre chose ?

– Le rejet d'Agar et de son enfant peut se lire de bien des façons. Il arrive qu'on le justifie par une inconduite supposée d'Ismaël qui riait au banquet. Or, le nom d'Isaac veut dire « il rira ». Le rire lui était-il réservé ? Si ce rire d'Ismaël n'était pas bon, s'il se tenait mal comme le disent certains commentateurs, cela vaut-il l'exclusion définitive, la condamnation à mort ? De tout cela, on peut discuter. Ce qui est incontestable, c'est que cette fête pour Isaac est en même temps pour son père un jour de deuil. Car même si l'Éternel a prédit un avenir pour Ismaël, il reste que le lendemain matin, Abraham envoie Agar et Ismaël avec du pain et de l'eau vers le désert – vers une mort probable. Ils ne sont sauvés que par intervention divine.

– Difficile de ne pas penser à Œdipe, dit alors Ruth. Ismaël est comme lui un enfant envoyé mourir dans un lieu hostile par ses parents, un enfant exposé à la mort. Tu te souviens, Dan, de l'histoire d'Œdipe : Laïos, le père, veut que l'enfant disparaisse, et c'est Jocaste la mère qui donne l'enfant à un serviteur pour qu'il l'abandonne sur un mont désert. Dans le cas d'Œdipe, il est rejeté pour qu'il ne prenne pas un jour la place unique du père. Dans celui d'Ismaël, c'est pour préserver la place de fils unique de l'enfant des maîtres, pour qu'il n'hérite pas avec l'autre fils. Sarah ne veut pas de fraternité, en tout cas pas d'un demi-frère pour son Isaac.

– Curieux, ce que vous dites là, Ruth, dit Simon. Car Sarah est elle-même la demi-sœur d'Abraham : ils ont eu eux aussi le même père, pas la même mère.

– Alors, Sarah aurait-elle été, elle aussi, la fille d'une servante, tandis qu'Abraham aurait été le fils d'une femme libre ?

– Rien dans le texte, je crois, ne permet ni de le dire ni de le contredire. Il faut inventer. Qu'imaginez-vous, Ruth ?

– J'imagine que la dureté de Sarah envers Ismaël

viendrait du souvenir de sa propre souffrance. Chasser Ismaël, ce serait pour elle faire disparaître ce passé de fille méprisée et éviter que ne se réinstalle dans sa maison ce qu'elle a vécu elle-même et qu'elle a résolu remarquablement en épousant ce demi-frère – avec la difficulté symbolique d'un « héritage » réunifié, certes, entre le frère et la sœur, mais en fait incestueux, irraconté, qui l'a rendue stérile... Cette solution du mariage étant impossible entre deux frères, il ne resterait à Ismaël et Isaac que le meurtre. On comprendrait alors mieux la nécessaire séparation des fils, même si elle est violente. Je veux sans doute sauver Sarah en disant...

Ruth s'arrêta net en voyant l'expression des deux hommes. Dan siffla d'admiration :

– Bravo, docteur Freud. Ta faculté d'interprétation m'impressionne...

– Je fais de la Bible-fiction, excusez-moi.

– Ne t'excuse pas. Si on ne peut pas jouer avec des textes pareils, les redire chacun dans sa langue, toi en psy, moi façon BD, on est au catéchisme d'autrefois. Une chose me frappe, tout d'un coup, reprit-il après un moment de réflexion. Êtes-vous en train de dire qu'Abraham, avant d'obéir à Dieu, commence par obéir à sa femme et que le premier sacrifice, si l'on peut dire, est celui d'Ismaël immolé à la volonté de Sarah ?

– Je ne l'aurais pas dit comme ça, répondit Simon, et puis il y a d'autres éléments que je n'ai pas repris, mais... Bon, il faudra que je réfléchisse, Bible en main, à ce que tu viens de dire. En tout cas, le texte semble confirmer ton rapprochement car, que ce soit pour chasser Ismaël ou pour sacrifier Isaac, la même expression revient : « Abraham se leva de bonne heure. »

– Un type qui en plus se lève tôt pour faire un boulot pareil est décidément un aliéné, commenta Dan d'un air découragé.

– Avec cette différence que la première fois, il envoie la mère conduire son fils, et elle-même, éventuellement, à la mort, tandis que la deuxième fois il y va lui-même, précisa Ruth.

– Finalement, dit Simon en étirant ses jambes, je veux bien un peu de café s'il en reste. Je n'avais pas mesuré le degré d'intelligence nécessaire pour la conversation d'aujourd'hui.

Dan se mit à rire.

– Je vais en rechercher. Mais ne restez pas assis, allez vous dégourdir les jambes sur la terrasse.

– Tu as raison, dit Ruth qui se leva la première.

– Ruth, que penses-tu encore de cette boucherie biblique ? reprit Dan quand il eut servi le café de Simon.

Elle resta un moment silencieuse puis :

– Pour répondre vraiment à ta question, je dois revenir à ce que je pensais auparavant, c'est-à-dire avant que j'aie entrevu comme possible une autre lecture. C'est simple, j'avais rangé Abraham et son sacrifice dans la case des antiquités culturelles. Personne dans mon entourage familial et professionnel ne les avait tirés de là d'une façon significative pour moi. La chose ne m'intéressait pas. Vous savez comme il est facile de ne jamais rencontrer la question de la religion quand on habite la capitale d'une démocratie laïque. On y trouve de vastes étendues de non-croyances, dont la plupart des journaux. Ils ne font que refléter l'état d'une population passée en trois générations de la croyance à l'incroyance, puis à l'inculture. Ce n'est plus vraiment, je crois, de l'athéisme – pour cela, il faudrait connaître au moins un peu ce que l'on refuse. Mais je m'éloigne... Je voulais seulement dire combien il m'avait été facile d'oublier Abraham. Est-ce que ça répond à ta question ?

– Ça me dit plutôt comment tu as pu y échapper. Tu as tout de même bien un peu entendu ces récits bibliques dans ton enfance, non ? Comment faisais-tu lorsque des phrases, des mots, des images te revenaient ? demanda Dan.

– D'abord, ceux qui m'ont raconté ces histoires étaient des personnes qui n'avaient pas autorité sur moi, des gens que j'estimais moins cultivés que mes parents ; la femme qui faisait le ménage chez ma grand-mère, par exemple... Cela ne conférait pas à ces récits plus de valeur à mes yeux que les contes et légendes dont j'étais si gourmande. Plutôt moins, même, puisque je ne les lisais pas dans un livre. Une fois adulte, j'ai bien sûr fait la différence. Mais j'avais mes gardiens : la science en général, la théorie psychanalytique en particulier. Le milieu qui s'en réclame se montre particulièrement méfiant à l'égard de tout ce qui a été écrit et pensé avant elle. Puisque, pour la première fois dans l'Histoire, l'analyse ouvre le chemin de l'inconscient, les psychanalystes ont estimé avoir un accès direct aux sources de la parole sans avoir à refaire le long chemin de sa transmission. Freud invente une horde primitive, ça lui suffit pour expliquer l'humanité, ça le dispense de retourner aux récits et aux mythes de l'Antiquité. La pensée sur l'origine tient lieu d'origine, la pensée sur la croyance tient lieu de croyance. Cette « pensée sur » permet de refuser l'héritage symbolique des générations qui nous précèdent. Elle devient un dieu qu'il faut sans cesse nourrir de nouvelles lectures, de nouveaux travaux. Ce qui nous occupe constamment.

– Et vous protège d'un retour ingénu aux textes et aux questions enfantines sur la vie et la mort, le ciel et la terre, dit Dan. Alors qu'ici au village, il est nettement plus difficile de ne pas croiser Dieu. L'église juste en dessous sonne les heures du jour et les prières, matin, midi et soir.

– Oui, dit Ruth, j'ai eu le temps de bien les entendre. Et aussi la montagne qui chante sur tous les tons de la lumière que l'homme n'a pas fait ce qu'il a devant les yeux.

– Aujourd'hui, tu ne sembles plus en plein accord avec ton milieu, n'est-ce pas ? Pourquoi es-tu prête à rouvrir le procès d'Abraham ?

– D'abord, l'expérience d'être passée près de la mort. J'ai éprouvé une chose très étonnante, que j'évoque en deux mots si tu veux : je sentais que je quittais mon corps. Qui est ce « je » qui peut ainsi commencer à partir ? La question de l'âme s'est reposée pour moi autrement qu'en termes d'appareil psychique. Et puis, des gens qui m'intéressent font des expéditions dans ces paroles que j'avais considérées comme culturellement mortes, et ils en reviennent dans une sorte de joie qui m'intrigue – tu le vois toi-même chez Noémie. Donc, je suis prête à réentendre autrement l'histoire d'Abraham.

Ruth se tut un instant, puis se mit à sourire malicieusement :

– D'ailleurs, j'ai déjà commencé.

– Ah bon ? Dis-moi.

Ruth reprit le volume de la Bible qu'elle avait posé sur le fauteuil à côté d'elle, le feuilleta un moment et lut :

– « Abraham lance sa main et saisit le coutelas pour égorger son fils. » « Égorger » n'est pas ce que le dieu Elohim lui avait demandé, n'est-ce pas, Simon ?

– En effet, répondit celui-ci. Elohim lui avait dit littéralement : « élève-le en élévation » – ou, comme traduit Chouraqui : « fais-le monter en montée ». Il y a plusieurs façons de « faire monter » mais Abraham ne voit d'abord qu'une seule « montée » possible pour rejoindre Elohim, la culture qui l'entourait ne connaissait sans doute pas d'autre sens au mot *ola* – qu'on a traduit par « sacrifice » – et pas d'autre moyen que l'égorgement et le feu d'un holocauste. Mais, à la lettre, le dieu n'a pas parlé d'égorger.

– Tiens donc, fit Dan pour lui-même, le dieu n'aurait-il pas demandé le meurtre ?

– À la fin du texte, je veux juste te lire encore ça, dit Ruth, le dieu qui parle n'est plus appelé Elohim : « Le messager de YHWH crie vers lui des ciels et dit : “Abraham, Abraham !” Il dit : “Me voici.” Il [le messager] dit : “Ne lance pas ta main vers l’adolescent, ne lui fais rien !...” » Voilà ce que j’ai vu grâce à une conversation avec Noémie qui l’avait découvert elle-même dans la lecture commune avec Simon. Juste avant ma grippe, elle m’avait raconté que la première chose nouvelle pour elle dans ce texte, c’était le changement du nom. Le dieu qui demande à Abraham son fils est appelé Elohim et celui qui arrête son geste YHWH. Tu sais, Dan, ces quatre lettres qui sont, comme un lieu d’arrêt dans le langage, le deuxième nom, l’imprononçable nom de Dieu.

– Tu parles à un juif ignorant, pas à un inculte !

– Pour ce qui est d’Abraham, poursuivit Ruth, je n’ai aucune idée de l’identité des deux personnes qui s’adressent successivement à lui : est-ce un autre dieu la seconde fois ou, si c’est le même dieu, est-il situé autrement par rapport à lui ? Ou encore l’esprit d’Abraham est-il d’abord envahi par le souvenir des sacrifices dans sa culture d’origine, puis finit-il par s’en libérer ? Disons qu’une autre voix lui parvient, d’où qu’elle vienne, qui fait taire la première. Lorsque j’ai vu cela avec Noémie, j’ai vu pour la première fois qu’une tout autre lecture était possible. Ce que la première lettre de Simon m’a confirmé.

– Noémie m’a bien raconté ça aussi, mais je n’ai pas été convaincu. Pauvre Noémie, j’ai dû l’écouter derrière un écran ; et elle s’attendait tellement à ce que je ne la croie pas qu’elle me l’a dit sans me le dire ; en tout cas sans me le montrer comme tu viens de le faire. Alors elle a cessé de m’en parler. Moi, j’ai pensé : si on pouvait interpréter autrement ce texte, ce serait fait depuis longtemps et ça se saurait. Qu'en dis-tu, Simon ?

Simon prit son temps pour répondre.

– Tu sais combien de temps l'humanité a mis pour savoir éloigner la peste, le choléra, guérir la lèpre, combien pour déjouer le tétanos, éradiquer la variole. Tu sais aussi combien les maux sont imprévisibles, irréguliers. Dans telle contrée, telle maladie se développe ; ailleurs, non. Pourquoi ? Mystère. Une épidémie se déclenche, on croit qu'elle va toucher toute la population. Erreur : même les fléaux ont leurs limites. Il se trouve toujours des résistants, des rescapés.

– J'entends bien. Le rapport avec Abraham ?

– Pourquoi en serait-il autrement pour les maladies de l'âme ? Peut-on savoir comment la saga d'Abraham a été lue aux différentes époques où elle a été transmise ? Sans doute certains ont-ils lu tout autrement que d'autres. La tradition juive recèle à ce sujet des merveilles, je l'évoquais tout à l'heure, en tout cas j'essayais...

– ... jusqu'à ce que je te coupe la parole, dit Dan.

Simon poursuivit sans s'émouvoir.

– ... Des merveilles qui semblent ne pas être vraiment entendues, même parfois des juifs eux-mêmes, comme nous l'avons dit. Je les tiens d'un ami rabbin et de sa communauté qui m'accueillent pour discuter quand j'ai accumulé des questions sans trouver de passage vers d'autres questions. Une chose est certaine : ceux qui ont approché Dieu de plus près – les prophètes, les psalmistes par exemple – ont été persuadés que ce dieu-là ne voulait nullement les sacrifices d'êtres vivants, pas même d'animaux. Ils l'ont écrit de différentes façons et leur pensée se trouve reprise dans le Nouveau Testament. Matthieu, par exemple, cite deux fois le prophète Osée : « C'est la miséricorde que je veux, non le sacrifice. »

– C'est pour ça que tu as parlé de maladie ? demanda Dan.

– Oui. La première obéissance d'Abraham nous la lisons maintenant comme une maladie – une maladie apparue d'abord dans le couple Abraham-Sarah ? Peut-être. C'est une des découvertes d'aujourd'hui – une maladie de l'âme dont le diagnostic spirituel est : idolâtrie.

– Le père des croyants, un idolâtre ? Tu y vas fort.

– Mais comment appelles-tu un homme qui va sacrifier son enfant à une divinité ?

– Oh, moi, je dis : un fou fanatique, un intégriste. Mais que toi, tu dises : un idolâtre, ça m'étonne et ça me dérange. N'avez-vous pas, vous, les religieux, enseigné le sacrifice pendant des siècles ?

– Certes, on a prêché le sacrifice. Mais de qui, de quoi ? Tu en conviendras avec moi, cet enseignement n'a pas provoqué une flambée de meurtres sacrés, ni éveillé partout des criminels de Dieu. Les sacrifices humains ont en fait cessé, n'est-ce pas ? dans la zone où se développait cette religion. Le texte a donc d'autres effets que celui qu'on pourrait attendre de l'exemplarité du sacrifice. Le choix à faire porte sur la question : quelle est la volonté de ce dieu ?

– Au secours, fit Dan en se bouchant les oreilles.

Ne m'embarque pas dans la question de la volonté de Dieu. Ce sont des mots qui me font littéralement disparaître.

– Tu as raison, c'est précisément de cela qu'il s'agit, reprit Simon. C'est pour cela que nous cherchons. Ou bien on se bouche les oreilles pour ne pas entendre ces mots, ou bien on leur découvre un autre sens, tel que ni Abraham, ni Isaac, ni toi ne disparaissent. *La* volonté de Dieu, disons-nous, mais n'en a-t-il qu'une dans ce texte ? Et donc, corrélativement, quelle est la bonne obéissance à la fin ?

– Pour ma part, intervint Ruth, je vois maintenant deux lectures de cette fameuse soumission, deux lectures radicalement opposées. Une première, la plus connue, consciemment du moins : Dieu demande l'obéissance absolue, Abraham obéit absolument. Tout cela est admiré sinon admirable. La seconde lecture, elle, voit qu'Abraham obéit deux fois, aux deux noms différents de Dieu – ce dont les sermons édifiants ne semblent pas tenir compte.

– Tout à fait, approuva Simon. Lorsque nous avons commencé à voir ça, nous pouvions à peine y croire et cela compte beaucoup pour moi que vous trouviez vous aussi ce passage qui renverse la lecture. En effet, cela est indéniable, il y a bien deux obéissances que j'ose, grâce à vous, formuler plus carrément. La première fois, Abraham obéit, non pas même à Elohim, puisque celui-ci ne lui a pas demandé de tuer, mais à un dieu qui dévore l'homme, peut-on dire ; il se soumet au dieu de la mort en voulant lui sacrifier Isaac. Puis il obéit ensuite au dieu vivant qui, le premier et le seul parmi les dieux de ce temps, interdit le sacrifice, en arrêtant son geste meurtrier. Le sens du récit bascule : il ne fait plus l'éloge du sacrifice mais apparaît au contraire comme la sortie de l'idolâtrie. Maladie mortelle contre laquelle le combat devra être mené par chaque homme, à chaque génération.

Dan semblait plongé dans une profonde réflexion.

– Voilà mon hypothèse, dit-il. Tu m'y as conduit toi-même en parlant de maladie. Je vais me référer à un exégète méconnu, Louis Pasteur. Si l'idolâtrie est une maladie de l'âme, alors le sacrifice idolâtre demandé à Abraham est un vaccin, un vaccin spirituel, une petite dose d'un virus mortel...

– ... qui lui donne la fièvre pendant trois jours, l'interrompit Ruth joyeusement. Oui, c'est ça, on y arrive, continue.

– ... au terme desquels il est immunisé, conclut Dan. Il sera désormais résistant à l'arbitraire, à l'obéissance aliénée, à l'ordre de tuer un homme au nom de Dieu. Je propose alors qu'on intitule ce chapitre « Le vaccin d'Abraham ».

Simon souriait sans rien dire.

– Que penses-tu de ma découverte pasteurienne ? lui dit Dan.

– J'y réfléchis, elle me bouscule mais elle me plaît. Tout de même, je n'aimerais pas qu'on ramène un tel texte à une mesure d'hygiène psychologique. Disons un vaccin transcendantal, pour le moins.

Simon se tourna vers Ruth :

– Tout à l'heure, en comparant le sacrifice d'Isaac

à celui d'Iphigénie, vous avez dit quelque chose que je n'avais pas encore entendu et qui confirme la lecture vaccinale de Dan. Le sacrifice demandé à Abraham – du moins, celui qu'il croit lui être demandé – n'est pas motivé. Aucun but, aucun sens n'est indiqué par Elohim à Abraham. Voilà une singulière anomalie pour un acte aussi grave, convenons-en. L'ordre divin n'étant pas complet, il contient un élément de résistance à l'ordre, puisqu'il peut amener à poser la question : pourquoi ? En cela, il pourrait bien être un vaccin. Le microbe du sacrifice est inoculé avec une dose d'absurde qui en anéantira en peu de temps la force. Après trois jours, il ne sera plus actif.

– Je ne doute pas qu'il y ait encore mille choses à demander au père Abraham en le tenant par le col, dit Dan. Maintenant, vu le nombre d'idées que nous avons déjà extraites du texte, je commence à comprendre que vous...

Il laissa sa phrase inachevée.

– À présent, reprit-il, je peux au moins saluer votre aventure. Je salue les impertinents qui osent dire à une page vieille de trois mille ans : laisse-nous te regarder, jeune inconnue. Reste que, même si je suis intéressé, je ne sais toujours pas où vous allez ni pourquoi vous y allez ensemble.

Ruth sourit en elle-même.

– Et moi, répondit Simon, je salue les amis juifs qui veulent bien aider des non-juifs à ne pas rester paresseux, idiots, inexistants devant les textes. Je salue aussi ceux qui, en passant sans doute par d'autres voies, ont su trouver l'obéissance qui triomphe de la soumission : « ne fais aucun mal à l'enfant ».

Ruth reprit la Bible.

– Eh bien, je commence à ne plus craindre d'ouvrir ce livre, dit-elle.

– C'est nouveau ? dit Simon.

– Oui. J'ai toujours eu une appréhension que je ne m'étais pas formulée vraiment. Dan a parlé du dieu qui le faisait disparaître. Moi, je m'attendais à ce que ce livre me fasse mal, qu'il m'envoie une décharge électrique à chaque ligne.

– Des lignes à haute tension en somme..., dit Dan. Facile jeu de mots, je le reconnais.

– Ton jeu me convient tout à fait. Le Livre allait me mettre en contact avec une source d'énergie absolument inadaptée à l'homme. Des mots à majuscules, le Feu du Ciel, l'Œil dans la Tombe, le Surmoi Éternel. Et devant Celui-là, moi, dramatiquement minuscule. Comment les hommes ne craindraient-ils pas d'affronter un tel personnage, celui dont nous avons dit tout à l'heure qu'il menace sans cesse de vous demander n'importe quoi ?

– Et même n'importe qui, même un fils, dit Dan.

– Il n'y a que les mythes et les contes – y compris de science-fiction – pour oser parler de ce dieu archaïque au public, reprit Ruth. Tous font état d'un monstre dévoreur. Je me demande si Freud, en imaginant un Père primitif qui jouit de toutes les femmes et châtre ses fils, n'a pas rencontré précisément l'Elohim d'Abraham. Il était tout de même moins terrifiant, ce dieu, abordé côté science et Darwin, en père de la horde, plutôt que, côté religieux, revêtu de la gloire du Dieu unique et du Père Tout-Puissant. La théologie ne semble pas avoir peur de cette figure qu'elle justifie et encense, mais n'est-ce pas en méconnaissant la terreur inconsciente qu'elle engendre ? Dites, Simon, le premier dieu d'Abraham a-t-il jamais été comparé à la figure terrifiante des contes ?

– Je ne sais pas. Mais la figure terrifiante dont vous parlez est le plus souvent écartée du nom de Dieu et appelée « diable ». Je crois bien pourtant qu'un commentateur juif a osé dire que le dieu qui demande d'immoler Isaac, c'était Satan. Il s'est aussi trouvé un théologien chrétien pour appeler « dieu pervers » le dieu Amour qui dévore ceux qui le servent.

– Là, ils ont raison, dit Ruth. C'est l'Ogre.

– Aucun doute sur ce point, fit Dan, puisque Abraham est prêt à lui rôtir de la chair humaine. En fait, l'Ogre de la Bible surpasse tous les autres : non seulement il veut respirer la fumée d'Isaac, mais il veut que son père devienne lui-même le pire des ogres en lui cuisinant son fils. Tu ne protestes toujours pas, Simon ?

– Au contraire, je vais en rajouter. Savez-vous comment est formé le mot « couteau » en hébreu ? Directement sur le verbe « manger ». Le couteau d'Abraham, c'est le mangeur.

– Tu veux me passer la Bible ? demanda Dan. Quel chapitre déjà dans la Genèse ?

– 22, dit Simon.

Dan lut :

– « Le messager de YHWH crie vers lui des ciels

et dit : “Abraham ! Abraham !” Il dit : “Me voici.” Il [Le messager] dit : “Ne lance pas ta main vers l’adolescent, ne lui fais rien ! Oui, maintenant je sais que, toi, tu frémis d’Elohim ! Pour moi tu n’as pas épargné ton fils, ton unique.” » Tu es d’accord avec cette traduction : « pour moi tu n’as pas épargné ton fils » ?

– Je pense qu’on peut en faire une autre, plus proche de la lettre, répondit Simon. Mais d’abord, une chose : que pensez-vous du « maintenant je sais » que dit le messager de YHWH ?

– Je n’avais pas remarqué le « maintenant », dit Dan. Qu’est-ce qu’il peut bien savoir maintenant seulement, ce dieu ? Il ne peut pas s’agir de la foi soumise d’Abraham car ça fait trois jours que le pauvre malheureux croit et obéit comme un fou. Le dieu a donc eu largement le temps de savoir qu’il était craint, ça ne date pas de *maintenant.* Il s’agit donc d’autre chose.

– Ce « maintenant je sais » arrive juste après la parole de YHWH, fit remarquer Ruth. Celle qui lui demande de ne faire aucun mal à l’adolescent. Ce serait donc seulement au moment où Abraham arrête son geste que le dieu connaît qu’Abraham *craint Elohim*. Non pas de la crainte idolâtre qui fait qu’on est prêt à tuer, mais de l’autre crainte, la crainte sacrée qui fait qu’on ne tue pas.

– Oui, dit Simon, je l’entends mieux avec vous. Ce qu’Abraham fait *maintenant*, c’est bien d’arrêter de tuer. C’est d’ailleurs le plus instantané des actes dont il soit question dans ce passage. Quant à la dernière phrase, je vois deux lectures possibles selon qu’on traduit : « Pour moi tu n’as pas épargné ton fils, ton unique. » Ou bien plutôt : « Tu n'as pas retenu ton fils, ton unique loin de moi. » Il faut choisir entre « pour moi... épargné » et « retenu... loin de moi ». Or, la deuxième traduction respecte l'ordre des mots hébreux et il y a bien la préposition *min*, « hors de », « loin de »...

– Si Abraham avait sacrifié Isaac, il l'aurait donc « retenu loin de » Dieu ? Elles sont diamétralement opposées, ces deux lectures. C'est grave, monsieur l'abbé, dit Dan.

En soupirant, il ajouta :

– Il y a maintenant tant d'idées qui ont bougé dans ma pauvre tête que je ne peux plus les ranger. Est-ce que tu voudrais bien, Simon, ramasser ce qu'on vient d'élucubrer ?

– Ne me donne pas cette place de maître, je t'en prie, je risque de glisser dans le cours de théologie. Alors que tu peux certainement « ramasser » toi-même.

– Tu crois ? J'essaie... Nous avons vu peu à peu se défaire l'interprétation pieuse et courante que je ne reprends pas ici. Nous avons découvert une autre lecture : les Écritures décrivent un pays intérieur à l'homme où sévit l'Ogre, le plus redoutable des dieux. Il reprend les dons qu'il a faits à celui qui le reconnaît comme Dieu et, divinité dévorante, il rend le croyant dévorant à son tour. Ce récit est l'un des textes par lesquels se sont transmis les avertissements de la présence de l'Ogre et le moyen de lui échapper grâce à un autre dieu, qui, juste le temps nécessaire, se laisse prendre pour l'Ogre afin que l'humain guérisse de sa croyance archaïque. Le temps d'une vaccination spirituelle et transcendantale. La seconde foi d'Abraham serait alors celle qui le sort de la soumission. Voilà mon compte rendu. Eh bien, je dois vous avouer que la pensée de ces pauvres humains pris dans l'affrontement des dieux me donne le vertige, conclut Dan.

– Je crains que notre Ogre n'ait plus de fidèles que l'autre dieu, dit Ruth.

– Possible, admit Simon. Mais la Genèse raconte justement qu'on peut arriver vers le vrai dieu en croyant au faux, et devenir peu à peu apte à l'autre rendez-vous. Passer du sacrifice absurde à l'alliance de vie. Passer du Moloch qui fait disparaître à la présence mystérieuse qui rend présent.

– En tout cas, le processus en jeu ici peut bien rappeler quelque chose aux psychanalystes, dit Ruth. Il n'est pas sans analogie avec la cure : transfert et liquidation du transfert.

– Et l'Ogre, bien entendu, ce peut être n'importe quelle personne, n'importe quelle valeur absolue : tout ce à quoi on est prêt à sacrifier le vivant, dit Dan qui suivait son idée. Ça va bien au-delà de ce que je pensais. Une fois qu'on considère l'Ogre comme la figure de tout ce qui dévore l'être vivant et parlant, le champ d'application d'un tel texte devient immense. Tu imagines ? Autre vertige alors : ces Écritures dont je croyais qu'elles étaient limitées à la religion, voilà qu'elles parlent des fondements anthropologiques, des conditions auxquelles l'homme se fait ou se défait. Mais qui croit à ce que nous avons trouvé ? Sommes-nous seuls sur cette nouvelle planète ?

Ils s'arrêtèrent un moment d'un commun accord pour chercher des verres d'eau, s'agiter un peu, respirer.

C'est Dan qui reprit :

– Je pense maintenant des choses que je n'avais jamais pensées. Par exemple, que les lieux de culte devraient être des temples-hôpitaux. On y arriverait malades, sous l'emprise de celui qui dévore ; on y découvrirait des récits-médecins laissés par ceux qui en sont sortis avant nous, récits qui soignent et donnent des forces ; des récits-cartes, des récits-guides pour sortir du pays de l'Ogre. On trouverait aussi des amis avec lesquels tenter la sortie.

– Il arrive qu'un temple soit envahi par l'Ogre, soit devenu lieu de l'Ogre, reprit Ruth. Je me souviens de rêves faits sous diverses variantes par des patients élevés dans un catholicisme sacrificiel : le rêveur vient à l'église pour se confesser et, une fois entré dans le confessionnal, il s'aperçoit avec horreur que sous le capuchon du moine qui l'écoute se cache en réalité un visage terrifiant : ce prêtre, c'est le diable. Le rêveur s'éveille alors dans l'angoisse... Et ce n'est qu'en rêve que le patient a pu démasquer le faux prêtre et qu'en analyse qu'il a pu déchiffrer le rêve. Ce qui m'impressionne aujourd'hui, c'est le rapprochement qui se fait entre l'interprétation d'un tel rêve et la révélation des textes quand on les lit comme nous le faisons. Ils sont du même côté, font un travail analogue de discernement. S'il en est ainsi, on ne peut guère s'étonner alors que ces Écritures, démasquant l'Ogre, soient exposées aux mêmes forces de refoulement que les vérités personnelles.

– Alors, suggéra Dan, on pourrait dire qu'est secte tout lieu, quel que soit son nom, où, lorsqu'on arrive aliéné à l'Ogre, on le demeure jusqu'au sacrifice. Tandis que serait temple tout lieu où l'on arrive éventuellement dans le même état d'aliénation, mais où l'on peut découvrir peu à peu la vérité : que celui qu'on appelait Dieu tout d'abord n'était pas Dieu.

– Ce qu'atteste le récit qui brise la loi du sacrifice, acheva Simon. Récit-médecin, comme tu dis Dan, révélé à Israël et par lui. Paroles pour guérir les nations.

Ruth remarqua en soupirant :

– Je commence à entrevoir autour de quoi Freud, Jung et Lacan, chacun dans leur culture et leur style, ont assez souvent tourné. Toutes choses auxquelles leurs épigones ne se frottent pas trop souvent, je les comprends. Dans cette zone de recherche, on navigue entre un dieu imaginaire installé dans la tête des gens qui leur ferait peur si leur méfiance n'était pas endormie par les religions, et une parole divine, libérante, à laquelle nous avons peu de chances d'avoir accès puisqu'on en a recouvert les signes dans les textes.

– Les textes révélés, dit Simon.

– Révélés, je ne sais pas. Je dirais plutôt les textes révélants. Et comme tout ce qui participe au dévoilement, à l'interprétation éclairante de choses refoulées, ça paraît fou au premier abord. Et puis, croire qu'il y a un dieu de la parole qui en indique l'accès et qui protège ceux qui la cherchent, est-ce bien raisonnable ? Ceci pour vous dire que je ne suis pas fâchée que nous soyons ensemble pour avancer dans ces contrées.

– Dan, demanda Simon avant de s'en aller, ai-je pu, avons-nous pu un peu éclairer pour toi ce que nous faisons, avec Noémie et les autres, en lisant ces textes ?

– Tu plaisantes, Simon. Non seulement tu n'as pas répondu à ma première question, mais tu en as rajouté une deuxième. Il s'agit maintenant que tu m'expliques comment moi qui me fiche éperdument d'Abraham, ses femmes, ses fils et ses dieux, je viens de passer tout ce temps à discuter passionnément de ce type comme si son histoire était la mienne sans même penser à rallumer ma pipe !

IX

Ruth attendait Simon. Sur la table, à côté du plateau préparé pour le café, elle avait empilé des livres. Une musique venait de la maison, un peu lointaine.

Le moine, contre son habitude, arriva en retard.

– Pardonnez-moi, Ruth. Nous avions des invités au monastère aujourd'hui, la famille d'un de nos plus vieux moines, le frère Alain, qui vient de mourir.

– Je suis désolée, dit Ruth, regrettant de ne pas trouver d'autres mots.

– Ne le soyez pas, dit Simon. En tout cas, pas pour lui. Aujourd'hui, le père abbé et moi, nous devions préparer l'enterrement avec la famille. Et quand nous avons eu terminé, sa sœur et ses neveux ont demandé que je fasse l'homélie.

– C'était inattendu ?

Simon acquiesça.

– Vous étiez donc particulièrement proche de cet homme ?

– Oui, c'était le meilleur ami – bien que sensiblement plus jeune – de ce vieux moine dont je vous ai parlé.

– Celui qui ne vous a pas fait croire et qui vous a cru ?

– Oui. Dès mon arrivée, j'ai eu ainsi deux protecteurs et puis deux amis.

– Trois, peut-être : n'avez-vous pas été aussi l'ami de leur amitié ? dit Ruth pensant à ce que Dan lui avait signifié quelques jours auparavant : qu'il voulait parler non seulement à Ruth mais à l'amitié entre Noémie et Ruth.

Simon approuva.

– Vous souvenez-vous de m'avoir écrit ceci...

Il sortit de sa poche un carnet et le feuilleta rapidement :

– J'ai recopié : « S'il y a un dieu qui guide les êtres les uns vers les autres, s'il y a un dieu au ciel de nos grands rendez-vous, il m'intéresse. À partir de ce lieu-là, je suis prête à réexaminer tous les textes, éventuellement à tout reprendre. » Or, une des dernières paroles que le frère Alain nous ait adressées a été : « Mes amis, je m'en vais. J'ai un grand rendez-vous. » La correspondance de vos paroles m'a touché profondément.

Simon se tut. Il restait dans l'entrée, comme s'il n'avait servi à rien qu'il se soit pressé : son esprit n'était pas encore arrivé. Il pensait à ces deux départs dans la même semaine, bien différents, ces deux absences pour lui : celle du frère Alain déjà et celle de Ruth qui quittait demain le village. Il ne voulait pas occuper leur dernier rendez-vous à parler d'un homme qu'elle ne connaissait pas.

Ruth, elle, était touchée de ce qu'il venait de lui

dire. Elle aurait aimé qu'il parle encore du vieux moine, qu'il dise davantage ce que lui-même ressentait... Apparemment, Simon n'en avait pas l'intention pour l'instant. Elle ne voulait pas, en restant là debout, lui signifier son attente qu'il continue sur ce sujet.

D'un geste, elle l'invita vers la terrasse.

Simon, en s'asseyant, perçut quelque chose d'inhabituel : jamais jusqu'à ce jour il n'y avait eu de musique dans la maison lorsqu'il venait parler avec Ruth. Cette fois, en dessous de leur silence, il reconnut la *Messe du Couronnement*. Puis il remarqua les trois livres, les prit un instant pour en lire les titres :

– Mozart, Montaigne, la Bible et Rimbaud : vous avez invité tous nos amis.

– Oui. J'ai pensé qu'ils ne seraient pas de trop pour notre dernière conversation.

Sa voix, en prononçant ces mots, avait eu une vibration qui la surprit elle-même.

– Je me réjouis de voir comme vous avez repris des forces ici, lui dit Simon après un temps.

– Vous n'y êtes pas pour rien, docteur, plaisanta-t-elle, décidée à commencer par la légèreté.

– Ah ? Pourtant, je ne me rappelle pas vous avoir prescrit quoi que ce soit, sinon de ne pas vous hâter de guérir s'il vous convenait d'être encore malade : les docteurs ne disent pas des choses pareilles.

– Cela me rappelle ce qu'on raconte de Descartes. Un jour où il visitait ce pauvre Pascal si souvent malade, il lui fit la prescription suivante : rester au lit jusqu'à ce qu'il fût las d'y être.

– Cette médecine m'enchante. Où avez-vous trouvé cette perle ?

– Je ne sais plus. Seulement, Pascal devait être incapable d'un tel exploit.

Encore un silence. Ruth jugea inutile de repousser plus longtemps ce qui était là entre eux et qui revenait à la fin de chaque échange.

– J'ai rarement autant regretté de ne pouvoir être en deux endroits à la fois, dit-elle.

Simon la regarda gravement.

– J'ai moi aussi du mal à imaginer que la semaine prochaine, il n'y aura plus personne sur cette terrasse.

Le silence entre eux se réinstallait quand ils entendirent les premières notes de l'*Agnus Dei*. Ils ne purent retenir un sourire de joie :

– Heureusement que Mozart veille sur nous, dit Simon. Vous vous souvenez ? La première porte invisible par laquelle nous sommes passés. Et c'est vous qui l'avez ouverte.

– Ouverte, peut-être, mais je passais devant sans la voir. Ce Mozart qui chantait en moi chantait aussi parce que vous étiez là pour en recevoir le message.

– Vous voulez dire qu'une telle ouverture de l'inconscient n'est pas sans rapport avec la présence d'un autre susceptible de déchiffrer ce que soi-même on n'entend pas... Allons bon, voilà que je parle psy.

– Vous auriez sûrement pu faire ce métier, assura-t-elle en riant. À ce propos, est-ce le moment que vous m'en disiez un peu plus sur la psychanalyse ?

– Je n'y ai pas réfléchi depuis que je vous ai fait

cette promesse, dit Simon dans un mouvement de recul auquel elle ne voulut pas s'arrêter.

– Deux mots, s'il vous plaît. Ne me racontez rien. Juste le début d'une pensée, d'une critique, une indication de réflexion.

– Vous savez, je n'y connais presque rien et ce que je pense de mon expérience et celle de quelques autres va vous paraître simpliste et contradictoire.

– Allez-y, ne vous inquiétez pas.

– Puisque vous y tenez... D'abord, le bon. Du moins, ce que j'en comprends. Je repars de l'homme qui est perdu – pour reprendre un de nos premiers mots. Il est mal, même sa propre pensée lui fait mal. On lui a dit qu'il faudrait qu'il parle. Or, des personnes pour l'écouter, il en trouve : ça ne résout rien. Il découvre que ce dont il a besoin, ce n'est pas seulement qu'on l'écoute, c'est que quelqu'un lui dise : parle. Je ne connais pas d'autre lieu où l'on reçoive sans violence une telle injonction. Sans cet appel, cette ordonnance à parler, comment pourrait-il, non seulement dire ce qu'il veut dire, mais aussi ce qu'il ne veut pas dire, et même ce qu'il ne devait surtout pas dire ? Des paroles malheureuses peuvent ainsi s'écouler hors de soi comme le ferait une humeur du corps. Et d'autres paroles qui manquaient sont peu à peu trouvées. Tant qu'il ne s'agit que de cette physiologie de l'esprit – et c'est déjà beaucoup – l'invention paraît géniale et l'expérience passionnante.

Simon respira comme pour prendre un élan :

– La psychanalyse a sans doute avancé depuis. Mais, pour ma part, j'ai eu au bout d'un certain parcours le sentiment que ce « parle » n'allait pas permettre d'aller plus loin. Peut-être suis-je tombé sur quelqu'un qui n'avait que deux oreilles. Sans doute aussi que j'ai rêvé la psychanalyse. Je rêvais que la réception de la parole par l'analyste soit à la hauteur de l'appel à parler qu'il lance. « Dites ce qui vous vient à l'esprit » – eh bien, justement, l'esprit, monsieur l'analyste, et l'esprit vous convoque, vous aussi, tandis que vous ne voulez entendre que des pulsions refoulées, des traumatismes...

Simon, qui avait parlé avec une certaine brusquerie, le regard au loin, se tourna vers Ruth :

– Est-ce que je vous choque ?

– Non, vous m'intéressez. Une remarque : si l'analyste dit seulement : parle, son travail est de déchiffrer ce qui est dit, et même s'il se prête au jeu du transfert, ce rapport imaginaire à l'analyste n'est qu'une chose de plus à déchiffrer. Il s'agit d'un scientifique qui fait en laboratoire l'analyse chimique de la parole. Alors que si l'analyste dit à son patient, non seulement : dites, mais : dites-moi, *dites à moi*, alors il reconnaît d'avance qu'il ne sera pas pour rien dans ce qui lui sera dit.

– Mais alors, il n'est plus « neutre et bienveillant » ? demanda Simon.

– Ce sont des mots que Freud n'a jamais dits. Je crois avec vous que si l'analyste ne s'engage pas dans la relation – d'une manière particulière, certes, puisqu'il se refuse à jouir de son patient –, s'il ne s'engage pas, la cure n'est pas une aventure de l'esprit. Et j'espère ne pas être de ceux qui ne veulent pas entendre l'esprit qu'ils ont appelé. Freud croyait que l'analyse faisait remonter le diable des enfers pour lui arracher son secret et l'y renvoyer. Mais pour ma part, je ne crois pas que l'inconscient soit le diable. Il serait plus près du dieu caché, s'il y a un dieu... Est-ce tout pour la psychanalyse ?

– Je réfléchissais à d'autres expériences qui m'ont été racontées. À l'extrême opposé de l'analyste non engagé, j'ai découvert l'analyste toujours disponible, remplaçant à lui seul toute la famille. Il n'est pas seulement aux côtés de son patient, il est à toutes les places. Il prend le parti du patient contre les générations qui le précèdent, réglant peut-être ses propres comptes avec sa mère, son père, avec les institutions, que sais-je ? J'ai reçu ainsi des personnes qu'une telle expérience avait coupées de tous leurs proches, comme l'entrée dans une secte, finalement. Ne peut-on espérer au contraire qu'elle réconcilie, au-delà de séparations, de désidéalisations nécessaires ?

– Il y a des analystes qui ne peuvent entendre et accueillir qu'une génération dans la parole de ceux qu'ils écoutent. Mais ont-ils été écoutés eux-mêmes plus largement ? Quand j'ai rencontré les premiers collègues à prendre leurs distances par rapport à Freud, j'ai senti un autre souffle venir. Un jour, un collègue âgé racontait un fragment de cure qu'il avait conduite jadis, où, à partir d'un certain moment, il n'avait pu aider son patient. Quelqu'un lui demanda s'il voyait mieux maintenant en quoi il avait fait erreur, il a répondu : « Oui, si j'avais pu entendre dans ce qu'il me disait, non seulement sa propre souffrance, mais aussi la souffrance de ceux qui l'avaient fait souffrir, il aurait sans doute pu trouver sa place dans son arbre généalogique. » Il espérait que cet homme aurait trouvé une meilleure écoute que la sienne à l'époque. Ce jour-là, j'ai su qu'on allait pouvoir aller plus loin.

– Encore une chose, ajouta Simon. On disait quand j'étais en analyse, dans les milieux où circulait cette pensée, que toute promesse ne pouvait qu'être déçue, et que l'accepter, c'était être adulte. Moi, je ne pouvais pas renoncer au principe de la promesse tenue, d'autant moins que j'en avais déjà quelque expérience. Pour devenir adulte, je voulais bien être un enfant mûri, pas un enfant trahi. Je ne sais pas ce qu'il en est encore aujourd'hui, mais à l'époque, les psychanalystes parlaient de « castration » comme d'une bonne opération symbolique.

– Et l'idée ne vous convient pas ?

– Je crois bien qu'une blessure est nécessaire pour que l'être humain ne soit pas emprisonné dans son ego et qu'il s'éveille. Mais pourquoi avoir choisi le mot « castration », un terme vétérinaire, ce qu'on fait à l'animal lorsqu'on lui laisse la vie en lui retirant le pouvoir de la vie ? Que ce terme désigne une des angoisses humaines, je le comprends bien, mais pourquoi l'avoir choisi pour désigner une des épreuves les plus importantes du développement ?

– Avez-vous un autre mot ?

– Deux, même. Un en hébreu, l'autre en grec. D'abord celui de la Genèse : « circoncision », signe de l'alliance avec Dieu et, en même temps, d'une nouvelle relation entre Abraham et Sarah puisqu'ils ne s'appellent de ces noms-là qu'à partir de la circoncision. Dieu change leur nom pour changer leur destin ou plutôt les faire sortir de leur destin. Cette blessure qui marque l'homme précisément à l'endroit de son corps qui se joindra au corps de la femme est une double marque relationnelle : entre l'homme et la femme, entre leur relation et Dieu.

– Encore une histoire à la Mozart, la relation homme-femme comme lieu de la relation à Dieu ?

– Oui, et la preuve que cette circoncision a des effets symboliques importants, c'est d'abord qu'ils se mettent à rire d'eux-mêmes, rire de Dieu et de la fécondité que Dieu leur annonce. Vous ne trouvez pas que rire de celui qu'on avait cru être tout-puissant ne peut venir que lorsqu'on a soi-même renoncé à la toute-puissance ?

– Ils rient tout de même d'une bonne nouvelle ?

– Certes. Que la vie arrive comme la parole, là où la puissance a été délivrée de la toute-puissance – le sang qui coule est signe de mortalité –, et enrichie du manque – le sexe masculin perd le prépuce qui l'entourait ; un manque qui attend l'autre : désormais, c'est le féminin qui entoure le masculin, comme le dit Jérémie. Plus loin dans la Bible, il est question de circoncision des lèvres, de circoncision du cœur... Sans doute que je vous en dis trop à la fois, je voudrais tant vous dire...

– Peut-être me l'écrirez-vous un jour, que je puisse le relire. Et le mot grec ?

Simon prit la Bible

– C'est un terme qui concerne, non plus le corps,

mais le travail de la vigne : je retraduis de mémoire du texte grec Jean 15, 2 : « Tout sarment en Je – c'est le Je du "Je suis", le nom divin ; pas le moi de Jésus – tout sarment en Je qui ne porte pas de fruit, il [Dieu] l'enlève, et tout sarment qui porte du fruit, il l'émonde, pour qu'il porte encore plus de fruit. » « Émonder » en grec vient du verbe « purifier ».

– Cette différence que vous faites entre le moi et le Je, même si je ne comprends pas encore à propos de Jésus, me dit beaucoup dans la pratique clinique. Savez-vous, mon premier étonnement en philosophie tenait à la possibilité de dire : je me tue. Qui est ce Je qui peut tuer Moi ? Qui est ce Moi que Je peux tuer ? C'est la situation extrême mais c'est en passant par elle que je peux commencer d'entendre ce « Tout sarment en Je qui ne porte pas de fruit, Dieu l'enlève et tout sarment qui porte du fruit, il l'émonde, pour qu'il porte encore plus de fruit ». Circoncire et émonder, deux termes pour dire une blessure qui donne à la vie une autre force, celle de la parole en première personne, du Je. J'en parlerai à mes collègues, dit Ruth que cette idée fit sourire.

La musique avait cessé. Ruth prit les trois livres :

– Simon, quel chemin de parole avons-nous parcouru, vous et moi, avec nos amis ? Qu'en pensez-vous ?

– J'attendais que nous en parlions ensemble. Notamment de la conversation avec Dan. Je me suis demandé quelle avait été sa suite. Quand Noémie m'a appelé dimanche, j'étais au chevet du frère Alain, j'avais trop peu de temps. Elle m'a dit merci et ajouté – joyeusement – que vous me raconteriez.

– Eh bien, Dan est allé la chercher à la gare, raconta Ruth. Nous avons eu une longue conversation durant tout le dîner. Noémie était joyeuse, comme vous l'avez entendu. Il est certain que pour le couple, la conversation que nous avons eue, Dan, vous et moi, était une bonne affaire.

Simon rit.

– Une bonne affaire, ce n'est pas votre vocabulaire, il me semble... C'est du Dan, n'est-ce pas ?

– Bien sûr. Vous connaissez les déguisements par lesquels il cache son cœur. Dan a d'abord fait à Noémie un récit de ce que nous avions dit, avec des commentaires à la Raymond Devos que je ne suis malheureusement pas capable de vous restituer quant à la forme. Pour le fond – je résume dans ma langue, ne parlant pas couramment son jargon – il a dit à peu près ceci : voilà comment je comprends ce que vous faites, toi et tes amis : vous montez des expéditions au pays des origines, là où l'on dit que vit un Dieu unique qui peut tout vous demander. Vous, vous l'appelez l'Ogre. Car vous partez de l'idée que le dieu de la parole, s'il est, ne peut être cet Ogre. Vous allez à la recherche d'un être mystérieux qui a sans doute créé le monde mais surtout qui parle et nous a rendus aptes à la parole. Et vous avez trouvé des récits qui peuvent, certes, raconter l'Ogre mais qui changent complètement lorsque vous les lisez à votre façon, c'est-à-dire arrimés à la lettre et encordés les uns aux autres par de la parole qui joue entre vous. Alors, ces récits racontent les expéditions faites depuis trois mille ans par ceux qui se sont affrontés à la peur de l'Ogre et en ont guéri. Voilà.

Ruth avait parlé d'un trait, comme si elle avait craint de rompre le fil de son rapport. Simon avait écouté avec un sourire attentif qui se termina en rire auquel Ruth se joignit.

– Ce Dan ! Le royaume des cieux n'est plus très loin, dit Simon.

– Pas si vite ! Dan se trouve aujourd'hui devant trois énigmes. D'abord celle du vrai plaisir qu'il a éprouvé durant le voyage chez Abraham lorsque vous avez retiré la croûte qui recouvrait le récit et qu'on s'est mis à tricoter nos pensées avec le texte. D'où vient ce plaisir ? Qu'est-ce qui en nous se réjouit dans ce voyage ? Puis, deuxième énigme pour lui, ce tricotage l'a guéri de quelque chose, il ne sait pas de quoi.

– Pourtant, c'est lui qui a inventé l'expression « récit-médecin ».

– Quand je le lui ai fait remarquer, il avait oublié que cela venait de lui. Encore une histoire de porte qu'on ne franchit qu'avec un autre bien qu'on l'ait soi-même ouverte. J'ai retenu encore une chose. Dan et Noémie, à la fin, ont été d'accord pour dire – troisième énigme – que, lorsqu'on lit comme nous l'avons fait, on ne sait pas pourquoi, on apparaît davantage les uns aux autres.

– Nous serions donc invisibles ? demanda Simon.

– Invisibles comme Dieu, affirma Ruth, se demandant avec curiosité comment Simon allait recevoir ou en tout cas reprendre cette formule.

– Oh oui, c'est ça, c'est ça même, répéta Simon.

L'expression de son visage, le ton de sa voix étaient eux de la plus complète approbation. « Décidément, se dit Ruth, cet homme m'étonnera toujours. Toutes les fois que je crois lui envoyer une balle qu'il ne voudra pas saisir, il la reçoit avec ravissement. »

– Ruth, c'est exactement ce que je crois, reprit Simon, nous sommes invisibles en tant que divins les uns pour les autres. C'est ce que dit la première lettre de Jean.

Il reprit le livre devant lui et lut :

– « Voyez quelle manifestation d'amour le Père nous a donnée pour que nous soyons appelés enfants de Dieu. Et nous le sommes ! Si le monde ne nous connaît pas, c'est qu'il ne l'a pas connu. Bien-aimés, dès maintenant, nous sommes enfants de Dieu, et ce que nous serons n'a pas encore été manifesté. Nous savons que lors de cette manifestation nous lui serons semblables, parce que nous le verrons tel qu'il est. »

Ruth fronça les sourcils :

– Je ne suis peut-être pas prête à entendre tous ces mots. Trop de notes, comme on l'a dit à Mozart. Je ne sais pas s'il y a un dieu père et si, étant ses enfants, nous sommes nous aussi des dieux. Mais ce dont je suis certaine, c'est de n'avoir jamais entendu ces paroles. J'ai pourtant rencontré souvent des chrétiens. Mes oreilles étaient-elles à ce point bouchées, ou bien n'ai-je pas entendu parce que eux-mêmes n'entendaient pas, ne croyaient pas ? Enseigne-t-on cela au catéchisme ?

– Je vous répondrai plus tard, dit Simon, conscient

de sa mauvaise foi, car il ne voyait pas ce qu'aujourd'hui, ou un autre jour il pourrait lui répondre à ce sujet. Continuez.

– Quant à l'invisibilité de l'être humain, au fait que nous ne voyons pas ce que nous sommes, j'y souscris tout à fait. Je dirais même que la psychanalyse repose sur cette croyance. La technique, le cadre sont organisés de façon à ce que l'analyste et l'analysant se voient peu, afin que le patient apparaisse par et dans la parole. Même en face-à-face, on peut se regarder, bien sûr, mais si l'on veut bien entendre, il ne faut pas s'appuyer sur le savoir que les yeux donnent.

– « On ne voit bien qu'avec le cœur », reprit Simon. La phrase du Petit Prince qu'on peut trouver simplette n'est finalement pas démentie par l'expérience de parole la plus travaillée.

– Invisibles à nous-mêmes, dit Ruth, nous ne pourrions donc pas savoir que nous sommes, mais seulement le croire ? L'enjeu est grave. À combien d'êtres humains n'arrive-t-il pas de dire un jour dans l'angoisse : je n'existe pas ? Nous nous confirmons les uns les autres, cela est certain. Avons-nous besoin de plus ?

– Si nous sommes invisibles, qu'est-ce qui peut nous assurer finalement d'être, sinon de croire que quelqu'un nous voit dans l'invisible et croit que nous sommes, ce qui, dans l'invisible, est la même chose ? Ne faut-il pas à la fin que celui-là soit un dieu pour nous confirmer divins nous-mêmes ?

Après un silence, il ajouta :

– De ce point de vue, le peuple juif n'est-il pas le

premier peuple à s'être débarrassé de l'Ogre et avoir, grâce à cela, osé sortir de l'invisibilité ? Il a existé à ses propres yeux puisqu'il existait pour le dieu unique, ce dont tous les signes, paroles et prodiges qui accompagnent l'alliance ont pu le persuader ? Comment ne pas être plus intelligent et fier lorsqu'on est appelé unique à se tenir debout devant l'Unique tandis que les autres demeurent prosternés devant leurs dieux ?

– On peut prendre les choses ainsi, admit Ruth. Et face à ce peuple devenu visible comme aucun encore, les autres nations peuvent se lever et se révéler à leur tour, ou au contraire se croire menacées par celui qu'elles prennent pour le représentant de l'Ogre... Seulement, il ne suffit pas d'être né juif pour tenir debout devant le dieu, ni de ne pas être né juif pour en être incapable. Vous savez ce que ça me rappelle ?

– Dites-moi.

– Peut-être avez-vous lu l'article de Freud sur le *Moïse* de Michel-Ange ? Non ? Je résume. La première fois qu'il se rend à Rome, il va tous les jours voir le *Moïse* de Michel-Ange qui, comme vous le savez, se trouve sur le tombeau du pape Jules II et tient dans ses mains les tables de la Loi. Or, devant cette statue, Freud a bien du mal à tenir. Il se cache presque ; il se sent sous le regard méprisant de Moïse, écrit-il, comme de la racaille, comme les Hébreux idolâtres du veau d'or. On dirait le valet de Don Juan devant la statue du Commandeur. Il mettra trois semaines à se persuader que Moïse ne va pas jeter les tables ; ni, je pense, le détruire lui, Freud, fils d'un père mort et sans doute coupable comme Don Juan.

Des années après, Freud publie un article sur cette statue, qu'il ne signe pas : il perd son nom devant Moïse. Les disciples protestent, il répond : « Pourquoi ferais-je tort à Moïse en lui accolant mon nom ? » Ce que Freud ignore lui-même, c'est qu'il a déjà fortement accroché son nom à celui de Moïse. Et cela, il ne l'a jamais déchiffré.

– Ah bon ? Racontez.

– Figurez-vous que lorsque Freud va à Rome, il a déjà eu ses six enfants. Or, les initiales de leurs prénoms forment le nom de Moïse. La première, Mathilde, est une fille. Est-ce pour cela que la même lettre est reprise pour le suivant, un garçon ? Son prénom commence par M lui aussi, Martin, ensuite viennent Olivier, Ernst, Sophie, Hanna : M O E S H.

– En effet, convint Simon avec étonnement, ce sont les lettres du nom hébreu Moshe. C'est tout à fait impressionnant. Comment entendez-vous ça ?

– Je ne sais pas trop. Mais à l'évidence, la dimension plus grande que vous réclamiez à la psychanalyse, Freud en aurait eu besoin lui-même pour lire son propre désir.

– Vous pensez qu'il n'a jamais eu conscience de ce nom écrit dans sa descendance ?

– Rien ne permet de le croire. Que penser de ce Freud inconnu de lui-même ? Quelles contradictions ! Au début, dans sa vie conjugale, il donne la vie et son nom à un Moïse secret, caché dans les enfants Freud ; puis il perd son nom, il n'est plus personne devant le *Moïse* statue en ne signant pas son article ; enfin, dans son dernier livre, *Moïse et le Monothéisme*, qu'il signe cette fois, c'est Moïse qui perd son nom, qui n'est plus Moshe l'Hébreu mais un Égyptien. Freud dédouble le personnage biblique en deux : un chef égyptien qui impose sa religion aux juifs – et toujours, selon Freud, ils l'assassinent dans le désert – et un prêtre pacifique madianite qui vécut plus tard ; aucun des deux à son avis n'est vraiment juif.

– A-t-il conscience de tuer Moïse en écrivant cela ?

– Tout à fait. Je sais encore par cœur la première phrase de son livre : « Déposséder un peuple de l'homme qu'il célèbre comme le plus grand de ses fils est une tâche sans agrément et qu'on n'accomplit pas d'un cœur léger. » Je la trouve terrible, tout particulièrement à la date où elle fut écrite.

– Dans les années trente ?

– Oui, la composition de son *Moïse* s'est étalée entre 1934 et 39. Lorsque je l'ai lu la première fois, ce texte m'est apparu comme un affreux coup de poignard dans le dos du peuple juif. Bien des psychanalystes, même juifs, trouvent ce texte génial. Moi, je ne peux pas le penser.

– Comment le sujet Freud pouvait-il être équipé pour ce rendez-vous avec le sujet Moïse, alias Dieu ?

– De toute évidence, il ne l'est pas suffisamment. La raison ne suffit pas à soutenir l'existence d'un sujet.

– Sur quoi s'appuient ceux qui tiennent devant l'Autre ? insista Simon.

– Le seul lieu où Freud peut tenir devant Moïse, même s'il ne le sait pas, c'est dans la relation avec sa femme et leur fécondité. Peut-être qu'en faisant de la sexualité la grande affaire humaine, celle qui explique tout – qui explique trop à mon avis –, il a pris quand même la bonne direction.

– Celle de la relation et de l'alliance, vous voulez dire ? En tout cas, Abraham ne lui donne pas tort. Lui non plus ne tient pas debout devant Dieu tout d'abord. Il tombe, face contre terre. Et, comme je le disais, c'est la circoncision qui lui permet, qui leur permet à tous deux de tenir, en commençant par rire de Dieu devant Dieu, et en donnant vie à ce fils du rire.

Il y eut un silence. Ruth pensa qu'elle était maintenant loin du rire. Une sorte de douleur vivante prenait place en elle. Que dire ? Aucune des paroles qu'elle essayait dans son esprit ne lui paraissait convenir. Elle ne trouva que des mots d'hôtesse et pensa qu'il lui fallait s'en contenter :

– Voulez-vous boire quelque chose, Simon ?

– Je veux bien un verre d'eau.

Il avait lu sur son visage la douleur puis le mouvement qu'elle avait fait pour s'en dégager. Les multiples récits où une femme propose à un homme, où un homme demande à une femme à boire lui revenaient à l'esprit. « La rencontre est en elle-même un puits, se dit-il. Elle a sans doute voulu puiser pour moi, il y a un instant, comme je voudrais puiser pour elle... Où donc est l'eau pour nous, entre nous ? Qu'avons-nous encore à dire, à boire ? »

Ruth revint sur la terrasse.

– Dans les choses que nous avons rencontrées en nous parlant, Simon, je reviens une seconde sur le

« *Heil Jesus !* » qui est sorti de moi malgré moi et qui nous a fait mal à l'un et à l'autre.

– Ç'a été un moment difficile entre nous, c'est vrai. Mais il fallait aller jusque-là, recracher cette parole. L'Histoire ne vous donne même pas tort. Si je ne l'avais pas trouvé chez un historien américain sérieux, je ne l'aurais pas cru : dans son livre *La France sous l'Occupation*, il rapporte qu'un monseigneur collaborateur – je ne me souviens plus de son nom, Dieu soit loué ! –, aumônier de la Légion des volontaires français, terminait sa messe dominicale par un « *Heil Hitler !* ».

Simon et Ruth se regardèrent intensément, sans un mot.

– Je suis pourtant certaine, reprit-elle, qu'il y a d'autres relations à l'homme des évangiles que cette soumission meurtrière. Quand je me trouve à Florence devant la peinture italienne ou dans une église romane pour écouter Bach ou Haendel, je reçois par les artistes des nouvelles de ce personnage mystérieux qu'est Jésus pour une juive. Ils l'ont peint, ou sculpté, ils le font chanter, chacun selon son style et son inspiration. Ils ne sont pas prosternés devant lui, ils le prennent avec eux. Alors je peux l'aimer avec ceux qui l'aiment de cette manière : un parmi nous.

– Mais a-t-il jamais demandé autre chose ? Un parmi nous, au milieu de nous... Il a dit finalement : « Je serai avec vous. » L'Église, c'est seulement là où il est *avec nous* ; pas au-dessus.

– Ce n'est pas évident vu de l'extérieur. Il y a apparemment beaucoup de monde par-dessus la tête de certains chrétiens. Comment pouvez-vous être aussi certain que ce n'est pas l'Église du Christ ?

– C'est simple : la proposition lui a été faite d'être au-dessus, il l'a complètement refusée, dit Simon.

– Pourquoi ?

– Parce qu'elle est diabolique. C'est le diable qui propose à Jésus que tous les hommes de tous les royaumes de la terre lui soient soumis. À condition qu'il tombe à ses pieds et...

– ... qu'il dise : « *Heil Satan !* » l'interrompit Ruth.

Simon se mit à rire.

– Vous voyez bien que cet affreux *Heil* ne peut pas être dit au vrai Jésus. Lui, il a, au début de sa vie publique, démasqué le menteur qui voulait que les hommes lui soient soumis puis, à la fin, il a refusé jusqu'à la mort la place de fils unique d'un Père-Tout-Puissant ; une place d'où il aurait pu vaincre les hommes et d'où nous serions alors exclus.

– Ce faux Jésus doit donc être le vrai fils de l'Ogre, conclut Ruth.

– Je trouve que les pièces de notre enquête s'agencent bien : ceux qui croient en l'Ogre croient également qu'il a voulu la mort de son fils, approuva Simon.

– Il l'a fait dévorer. Logique, renchérit Ruth. Nous déménageons le ciel, vous ne trouvez pas ?

– Dans cette maison, on ne dit jamais : tu exagères, n'est-ce pas ? Alors, je vais vous dire à propos du ciel ce que je crois, Ruth. Le ciel, c'est le lieu où nous sommes quand nous cessons d'être invisibles les uns aux autres.

– Si c'est chez nous, alors il est bien normal que nous fassions le ménage du ciel. Aucune raison d'y laisser s'installer l'Ogre, alias Satan, alias Dieu – le faux.

– Dans l'évangile de Luc aussi, il est question de faire le ménage. Il est écrit : « Je voyais Satan tomber du ciel. »

– Que se passe-t-il donc à ce moment-là ?

– Il se passe que Jésus a désigné « soixante-douze autres » et il les envoie deux par deux en avant de lui. Il leur donne pour mission de visiter les gens, de guérir leurs malades et de leur dire, si je me souviens littéralement en grec : « S'est approchée de vous la royauté (ou le royaume) du dieu. » Les soixante-douze reviennent tout joyeux, disant : « Seigneur, même les démons nous sont soumis en ton nom ! »

– Guérir et chasser les démons. C'est curieux, ils sont équipés comme Freud rêvait de l'être.

– Décidément, vous devinez tout, Ruth. La découverte de l'« équipement » nous est venue un jour où nous visitions le mot « apôtre ». *Apostolos*, du verbe *apostello* qui ne veut pas dire seulement « envoyer » mais « équiper », une expédition, une flotte, envoyer en ambassade. Les apôtres, dans l'évangile de Luc, découvrent avec joie qu'ils sont effectivement équipés d'autorité sur le mal. Pour évangéliser, il ne suffit donc pas d'envoyer des hommes à d'autres répéter la bonne nouvelle. Encore faut-il qu'ils soient équipés pour les rencontres et pour faire face avec autorité aux maux, au mal qui empêche la relation. Alors Satan est jeté hors du ciel.

L'horloge sonna encore. Il était l'heure pour Simon de partir.

Soudain, le visage de Ruth s'illumina.

– Je veux bien que nous soyons séparés, Simon, mais je ne veux pas que nous nous perdions. Inventons autre chose.

Simon se mit à rire.

– Oh, j'en serais très heureux. Qu'allons-nous inventer ? Vous avez une idée, n'est-ce pas ?

– Oui, mais vous allez la trouver folle.

– Dites.

– Quand je suis arrivée ici, il me semblait qu'il ne pouvait se passer que deux choses : que ma vie finisse ou bien qu'elle recommence autrement. Je n'imaginais pas que j'allais rencontrer un ami moine et avec lui d'autres amis qui m'emmèneraient vers une autre vie. Or, nos amis, comment les avons-nous rencontrés ?

– Eh bien, hésita Simon, pris au dépourvu, voyons... ils ont écrit des livres, des psaumes, des lettres, un opéra, une messe, des chansons...

– Voilà. C'est ce que je veux dire : ils ont écrit.

Simon ouvrit grand les yeux. Il ne voyait pas où elle allait, elle et sa vivacité joyeuse, au moment où le puits de la parole semblait particulièrement à sec.

– Cette fois, c'est mon tour de ne pas comprendre pourquoi vous êtes si contente pour vous et pour moi.

– À cause de tout ce que nous avons entendu entre nous. N'est-ce pas une bonne nouvelle, chaque fois que le fils divin n'est plus une idole mais un parmi nous, chaque fois que le ciel est dans les yeux de ceux qui vont traverser la mort ?

– Oui, dit Simon, comme entraîné par l'élan de Ruth, une bonne nouvelle chaque fois qu'un homme reçoit une femme en tant qu'aide divine face à lui comme en Éden ; chaque fois que l'Ogre est désobéi comme avec Abraham ; chaque fois que les humains peuvent rire du dieu de la parole, comme le font les parents d'Isaac, ou lutter et être fort contre lui, comme Jacob-Israël.

– Chaque fois qu'un homme peut dire à son frère : me feras-tu une place ? ajouta Ruth.

– Oui, toutes ces nouvelles sont bonnes en vérité.

– Nous sommes parvenus là, Simon, et nous ne le raconterions pas à d'autres ? Nous ne l'écririons pas comme eux l'ont fait pour nous ? Voulez-vous ? Un simple non et je m'arrête, comme vous me l'avez dit un jour.

Simon sourit, secoua la tête comme lorsqu'on n'ose pas encore, qu'il faut aller chercher un désir en soi plus profond. Puis il ferma les yeux. Il ne trouva tout d'abord en lui qu'une phrase de *Cyrano de Bergerac* qui l'avait toujours extrêmement peiné : « Je n'aimais qu'un seul être et je le perds deux fois. » Pourtant, lui n'éprouvait aucune peine. Il attendit...

La phrase se retourna : « ... qu'un seul être et je le trouve deux fois. » Il se mit à rire, d'un rire léger.

Il rouvrit les yeux.

– Oui, Ruth. Comme vous me l'avez dit un jour, l'esprit est plus fort que moi.

– Aujourd'hui, Simon, je dis : plus fort que le moi.

REMERCIEMENTS

Que Jean et Sylvaine soient remerciés pour l'accueil de cette histoire sur leur céleste terrasse.

Du même auteur

L'Homme aux statues
Grasset, 1979, Le Livre de Poche, 1994

Le Sacrifice interdit
Grasset, 1986, Le Livre de Poche, 1995

La Divine Origine
Grasset, 1993, Le Livre de Poche, 1998

Abel ou la Traversée de l'Éden
Grasset, 1999

Je serai qui je serai
Alice, 2001.

Composition réalisée par NORD COMPO

Achevé d'imprimer en septembre 2011, en France sur Presse Offset par
Maury-Imprimeur - 45330 Malesherbes
N° d'imprimeur : 165744
Dépôt légal 1re publication : octobre 2007
Édition 05 - septembre 2011
LIBRAIRIE GÉNÉRALE FRANÇAISE - 31, rue de Fleurus - 75278 Paris Cedex 06

30/8392/0